元大学教授が教える
これしかない！
お金の増やし方

新型NISAを活用した

安全・確実で
超シンプルな投資方法

都立大学元教授
小谷 重徳

はじめに

２０２３年の春頃、２０２４年から少額投資非課税制度（ＮＩＳＡ）が大幅に拡充されることを知ったことがきっかけで本書を執筆することにした。「超低金利の日本で金融資産をどのように形成したら良いのであろうか」と悩んでいる方が多いであろうと考え、著者の考案した方法を中心に、「安全確実で効果的に金融資産を形成する方法」を紹介することにした。

２０２３年3月末現在ＮＩＳＡの口座数は１８７３万を超えたようなので、かなりの方がＮＩＳＡを活用している。しかし、まだＮＩＳＡに目を向けていない方が多数おられる。

２０２４年からの新型ＮＩＳＡは大幅に拡充され、使い勝手も非常に良くなるので、金融資産形成に関心のある方は全員がまず新型の「つみたてＮＩＳＡ」を活用してもらいたいものである。本書では新型の「つみたてＮＩＳＡ」や「成長投資ＮＩＳＡ」を活用して、金融資産を「安全確実で効果的に形成するシンプルな方法」を紹介しているので、１人でも多くの方が1日でも早く金融資産形成に取り組んでもらいたいと願っている。

新型ＮＩＳＡの活用と言っても預金ではなく、「投資」をすることになるので、「投資」と聞いただけで背を向ける方や元本が保証されていない「投資」は危険であると避けている方には、本書で解説する「安全確実で効果的に」金融資産を形成できる方法にぜひ注目してもらいたい。本書では「安全確実で効果的である」と言うことが実感できるように解説している。本書は目次の表現から分かるように非常に易しく具体的に書いているので容易に理解できるであろう。「超低金利の日本では本書で解説するような方法でしか、安全確実で効果的に金融資産を形成する方法はない。」ＮＩＳＡは国が金融資産を形成するための支援制度としてつくったものであり、この制度を利用しないのはまさに宝の持ち腐れである。

最初に紹介する「定額積立投資」は２０２３年までのＮＩＳＡでも推奨されていたので、広く活用され効果的な資産形成の方法として知られている。しかし、定額積立投資の特徴や特性については余り知られていないので、「投資」である定額積立投資に不安を持っている方も多いようである。また、定額積立をする場合、「毎月」、「毎週」、「毎日」の３つの中から選択をすることになっているが、どの積立方法が良いのかも知られていない。そこで、定額積立投資の特徴、特性、効果的な積立の方法などを的確に解説するので、理解を深めて安心して取り組めるようになるであろう。

「定額積立投資の成果」については十分確認できる情報があまりないのが現状で、積立投資をする投資信託の基準価格の年間上昇率がある値のときは、成果がいくらになるかを示しているものがほとんどである。しかし、この基準価格の年間上昇率がどの程度になるかが分からないので、定額積立投資の成果の見通しが立たないことになる。このことも「つみたてＮＩＳＡ」の口座数が大きく増えない理由の１つであろう。そこで、著者は実績データを参考にして定額積立投資の成果を「悲観的成果」、「標準的成果」、「楽観的成果」の３つを計算して提示しているので、定額積立投資の成果についておおよその見通しが立つであろう。

積立投資は若い人向けと思われるかも知れないが、人生１００年時代と言われるように50歳からでも積立投資は可能であり、シニアの方にも新型の「つみたてＮＩＳＡ」をぜひ活用してもらいたい。

定額積立投資は最初に投資銘柄と積立額などを決めると後は手間暇をかける必要はない。しかし、少し手間をかけることによって投資効率が上げられる安全確実な投資方法を2つ紹介する。その1つは「効率追求型積立投資」で、この方法は「定額積立投資の応用編」である。もう1つは効率追求型積立投資より更に投資効率が上げられる安全確実な投資方法で、「アクティブ型積立投資」と呼ぶ。資金的に余裕がある方は、新型の「成長投資NISA」でぜひ取り組んでもらいたい。この方法は定期的な積立投資ではないが、「投資」の経験を必要としない、非常に簡単な方法なので、「投資」を毛嫌いしてきた方にも安心して取り組めるであろう。また、株式投資に取り組むための練習にもなり、株式投資が怖いものだと言うような先入観は払拭されることであろう。

金融資産形成には株式投資が1番である。本書で紹介する株式投資の方法は「安全確実で大きな成果が期待できる方法」である。株式投資は「安値で買って、高値で売る」だけである。株式投資で収益を上げられないのは、安値で買っていないからである。例えば、「10年来の安値」とか、「歴史的な安値」で投資をすれば、後は配当を享受しながら株価が大きく上昇するのを待つだけで良い。株価が大底のときに投資をするので、「時間が経過すれば必ず大きく上昇する」ことになる。したがって、「安全確実で大きな成果が期待できる」と思えるであろう。もう少し説明すると、長期の株価チャートから「投資ゾーン」と「売却ゾーン」を定義し、投資ゾーンの安値で投資をし、売却ゾーンの高値で売却すると言う「非常にシンプルな投資方法」で、「底値待機型株式投資」と呼び、著者が考案した方法である。投資にはもう1つ条件があり、日経平均株価が大きく下げたときが投資のチャンスと捉え、このとき「投資の適切なタイミング」になっている銘柄に投資をする方法で、投資の頻度は多くなく、仕事をしながら金融資産形成にも目を向けている方には最適な投資方法であろう。また、株式投資の経験者で安定的な成果を上げていない方にもぜひ取り組んでもらいたい。「底値待機型株式投資の応用編」も紹介しているので、株式投資の豊富な経験者にも取り組める投資方法である。

本書は論理的に展開し、必要なことをすべて具体的に分かりやすく解説しているので、十分理解が進み、底値待機型株式投資にすぐ取り組めるであろう。株式投資と言うと多くの時間が必要であると思われているが、本書の方法では投資の頻度は多くないので、週末の少し空いた時間を利用すれば十分である。株式投資の未経験者にも安心して、面白く、期待を持って「中長期の株式投資」ができるので、ぜひ取り組んでもらいたいものである。

元本が保証されていない投資にはリスクがあると考えるのが普通である。しかし、本書で紹介する投資方法は通常の価格変動は何もリスクではない。むしろ、この価格変動を利用して投資の成果を大きくすることを狙っている。リスクと言えるものはリーマン・ショックのように価格が62％下落するような暴落に遭遇することである。価格が暴落しているのは「投資の又と無いチャンスである」が、保有している株式や投資信託には少しピンチのものもあるであろう。本書ではこのような暴落に際してどのように対応するかについても解説しているので、「投資のリスクに関して恐れることはない」と思えるであろう。投資に目を向けてこなかった方を含め多くの方々が、本書で紹介する投資方法で金融資産形成に取り組んでくれることを期待している。

著者は株式投資やその他の投資の専門家ではない。金融資産形成のための安全確実で効果的な投資方法として、定額積立投資や株式投資を少し数学的なセンスを入れて考察した結果、定額積立投資の特徴や特性を明らかにし、また「効率追求型積立投資」、「アクティブ型積立投資」、「底値待機型株式投資」の３つ方法を考案することができた。その結果、本書の出版が可能になったのである。久し振りに学術論文を書くような気持で、本書を執筆することができてたいへん満足している。

最後になりましたが、本書の日経平均や個別企業の株価チャートはマネックス証券（株）のホームページから引用させていただきました。株価チャートの引用のお願いに際し快くご許可くださいましたマネックス証券（株）にこの場を借りて厚くお礼申し上げます。また、多くの株式投資の本や証券会社のホームページで勉強をさせていただいたことは本書の執筆に非常に参考になり、お礼を申し上げます。本書の出版にあたり、日本橋出版（株）の大橋拓哉様にはたいへんお世話になり、お礼を申し上げます。

２０２３年10月初旬　厳しい残暑がやっと過ぎた頃

小谷重徳

第4章　安全確実で大きな成果が期待できる投資方法は底値待機型株式投資である

4.1 株式投資の魅力はなんであろうか
4.2 株式投資の問題点とその対応策はどのようなものであろうか
4.3 株価の底値について考えてみよう
4.4 底値待機型株式投資の考え方はどのようなものであろうか
4.5 絶対的な安値の株価はどのような株価を言うのであろうか
4.6 絶対的な安値の株価はどのように求めるのであろうか
4.7 日経平均株価と個別銘柄の株価はどのような関連があるのであろうか
4.8 個別銘柄にどのようなタイミングで投資をするのであろうか
4.9 株価のベストボトムをどのように判断するのであろうか
4.10 株価のベストボトムの見通しをどのように立てるのであろうか
4.11 ベストボトムでの投資はどのように行うのであろうか
4.12 株価が購入平均株価より大きく下がった場合はどのように対応するのであろうか
4.13 投資候補の銘柄をどのように探索するのであろうか
4.14 投資候補の銘柄で確認すべきことはどのようなことであろうか
4.15 投資銘柄の保有期間はどのように考えるのであろうか

第1章

金融資産をどのように形成したら良いのであろうか

超低金利の日本で金融資産を形成するには少額投資非課税制度（ＮＩＳＡ）を活用することが肝心である。ＮＩＳＡを活用して「安全確実で効果的に」金融資産を形成する方法の概要を紹介する。まだＮＩＳＡを利用していない方や「投資」に目を向けてこなかった方にも「金融資産形成のための投資」が必要であることをぜひ理解してもらいたい。既にＮＩＳＡを活用している方や株式投資で安定的に収益を上げられていない方には、本書で紹介する非常にシンプルな投資方法に関心を持ってくれることを期待したいものである。

1.1 金融資産のつくり方について考えてみよう

人生１００年時代と言われるように老後が長くなれば、少子化による年金制度の不安は大きくなり、一時期よく話題になった「老後の資金２０００万円問題」も気になる所であろう。人生における必要な資金は年代によって異なるが、主なものは自分の結婚資金、子供の教育資金、住宅資金、子供の結婚資金、最後に自分の老後の資金などがあり、相当な金額が必要になる。したがって、お金を計画的に貯めて増やさないと、これらの資金を賄うことはできないであろう。

本書は国の**金融資産形成の支援制度である少額投資非課税制度**（ＮＩＳＡ）**を利用して、計画的に金融資産を形成する適切な方法を紹介する**ために執筆したもので、ぜひ本書の方法を活用してもらいたい。

最初に、金融資産をどのようにつくるかについて考えてみよう。金融資産形成と言うお金を貯めて増やす方法は、収入よりも支出を少なくしてお金を残し、銀行などにお金を預けておく。まとまったお金になると定期預金などにしておくのが一般的であろう。しかし、今の日本では超低金利になってから久しく、定期預金の金利は非常に低く利息は少ないので、何年も預けておいても利息による金融資産形成にはつながらない。もし、毎年の預金金利が４％の場合、１００万円を20年間預けておくと

$$100 \times (1 + 0.04)^{20} = 219 \quad (\text{万円})$$

になる。利子が利子を生む複利の効果で元手の１００万円が元利合計で２１９万円に増加し、20年で倍以上になる。

参考までに、**72の法則**を紹介しておこう。金利（年）が与えられると、元利合計が2倍になるまでのおおよその年数が計算できると言うものである。例えば、先程の例の４％のときは、

$$72 \div 4 = 18$$

となり、18年で倍になると言うことである。実際に計算して見ると18年で元利合計は２０２万円になり、法則の精度が良いことが分かる。

預金金利が高い場合は、まとまったお金がなくても毎月定額を積み立てる方法（**定額積立**）は、非常に効率よく金融資産形成ができる。例えば、毎月３万円を積み立てると仮定し、金利は前述と同じ年４％とすると、20年後の元利合計は１１０４万円になる。その内利息は３８４万円になるので、金利が高いと複利の効果の大きさが実感できるであろう。ただし、利息には税金（税率は０・２０３１５）がかかるので、手取りの利息は３０６万円に減少する。

日本でもバブル景気の頃までは定期預金の金利が非常に高かったので、金融資産形成といえば銀行の定期預金や定額積立預金であった。「**これからの金融資産形成はどのようにしたら良いのか**」と言うのが本書のテーマである。

1.2 少額投資非課税制度（ＮＩＳＡ）はどのようなものであろうか

一般に、預金の利子、投資信託の分配金（**普通分配金**）、株式の配当金、更に投資信託や株式の売却益には税金がかかる。しかし、**少額投資非課税制度**（ＮＩＳＡ）を活用すると、税金がかからないと言う非常にありがたい制度である。既にこの制度を活用している方も多いと思われる。

２０２４年から大幅に拡充された「新型ＮＩＳＡ」がスタートしている。**表1.1**は２０２３年までの旧型ＮＩＳＡと新型ＮＩＳＡの内容をまとめたものである。旧型ＮＩＳＡは２０２３年で終了したが、非課税制度はそのまま延長され、新型ＮＩＳＡの非課税は新たに始まることになるので、非課税金額は非常に大きなものになる。旧型ＮＩＳＡでは「つみたてＮＩＳＡ」と「一般ＮＩＳＡ」は一方しか利用できなかったが、新型ＮＩＳＡでは「つみたてＮＩＳＡ」と「成長投資ＮＩＳＡ」の両方が利用できるので、一人当たりの非課税限度額は１８００万円になる。したがって、世帯で考えると、ほとんどの世帯が非課税で投資ができることになる。また、新型ＮＩＳＡでは売却した金額分は翌年限度額が復活することになる。例えば、新型「つみたてＮＩＳＡ」ではまとまったお金が必要になったときに一部売却すると、売却金額の内の積立額分は投資枠が復活するので、非常に使い勝手が良い制度である。

以上のように新型ＮＩＳＡでは税制上非常に優遇されている。これはこの制度を活用して金融資産形成を進めて欲しいと言う国の狙いであり、本書はこの制度をどのような方法で活用すべきかを解説している。新型ＮＩＳＡを活用しない方は宝の持ち腐れと言うことになる。

調査によると、旧型ＮＩＳＡの開設口座数は２０２３年３月末現在１８７３万を超えているが、まだ利用していない方も多数おられる。本書を通してＮＩＳＡに目を向け、できるだけ早く新型ＮＩＳＡを活用して非課税枠を超える金融資産を形成してもらいたいものである。

積立型の非課税制度としては**個人型確定拠出年金**（ｉＤｅＣｏ）もあるので、資金的に余裕のある方はこちらも利用すると良いであろう。

表1.1　旧型NISAと新型NISAの比較

旧型NISA（～2023年）

種　類	年間非課税限度額	積立限度額	非課税期間
つみたて	40万円	400万円	20年
一般	120万円	600万円	5年

新型NISA（2024年～）

種　類	年間非課税限度額	積立限度額	非課税期間
つみたて	120万円	1,800万円（注）	無期限
成長投資	240万円		

（注）成長投資は1,200万円まで。

1.3 金融資産を「安全確実で効果的に」形成する方法はあるのであろうか

それでは現在はどのような方法で金融資産を形成したら良いのであろうか。安全に、確実に、そして大きな成果が期待できる方法があれば、誰でもぜひ実行したいと考えるであろう。現状では、金融資産を形成するには投資信託や株式への「投資」が本命である。しかし、「投資」と聞くだけで目を背ける方もいるかも知れない。また、投資信託も株式と同じように元本が保証されていないので、リスクを感じて投資をすることなど考えもしない方もいるかも知れない。本書ではこのような方から投資の初心者の方を特に意識して、投資信託や株式への投資を通じて「**安全確実に、効果的に金融資産を形成できる方法**」を解説する。解説は類書に無いような詳しさなので、「安全確実に、そして効果的である」ことへの理解が十分できるであろう。

それでは安全確実で効果的に金融資産を形成する第1の投資方法は何かと言うと、「**投資信託の定額積立投資**」である。投資信託の定額積立投資は旧型の「つみたてＮＩＳＡ」でも推奨されていたので、本書の専売特許ではなく、よく知られ広く活用されている方法である。しかし、まだ活用されていない方に理解を深めてもらうために、本書では「投資信託の定額積立投資」についていろいろな観点から詳しく解説しているので、「深く理解ができ、安心して活用してみよう」と思われるであろう。

投資信託の定額積立投資は初めに投資をする投資信託の銘柄と積立額などを決めれば、その後は特に何もしなくてもよく手間暇のかからない、金融資産を形成する方法である。投資についてあれこれ考えたくない人には打って付けの方法である。

一方、金融資産形成をできるだけ効率よく、そして成果をできるだけ大きくしたいと考える方も多いであろう。

そこで、少し手間をかけることによって投資効率を上げる、著者が考案した2つの投資方法を紹介する。これらの方法は投資信託の定額積立投資の応用編である。その1つは「**効率追求型積立投資**」と呼ぶ、第2の安全確実で効果的な投資方法である。2つ目は「**アクティブ型積立投資**」と呼ぶ、第3の安全確実で効果的な投資方法である。この2つの投資方法については第2章と第3章で詳述する。

投資信託も元本が変動するので、以上の3つの投資方法が元本割れのリスクをいかに回避し、安全確実に、効果的に金融資産が形成できる投資方法であることを第2章と第3章で解説する。

1.4 金融資産を安全確実に「大きく」形成する方法はあるのであろうか

金融資産を大きく増やす方法は株式投資が一番である。しかし、株式投資と言うと毛嫌いし、目を向けない方も多いと思われる。確かに株式投資で安定的に収益を上げている人が少なく、リスクが高過ぎると感じているからであろう。ゲーム感覚や一種の賭け感覚で株式投資をすれば、後程説明するが、安定的に収益を獲得することはできない。

しかし、例えばある銘柄の株を「**歴史的な安値**」となる株価の近辺で投資をすれば、その後株価は歴史的な安値の大底を打って必ず上昇するので、「**安全確実に**」収益を確保することができる。この株式を中長期に保有すれば2~3倍以上になることは珍しいことではなく、「**大きな成果**」が得られることになる。本書で説明する株式投資は以上のような考え方で投資をする方法で、「**底値待機型株式投資**」と呼ぶ。底値待機型株式投資については第4章と第5章で詳述する。本書では類書には無いと思われるほどの丁寧さで、また図を用いて具体的に説明をしているので、株式投資の未経験の方にも十分理解してもらえるであろう。そして「安全確実で、大きな成果が期待できそうだと実感できる」であろう。

以下の節で、一般的に行われている株式投資ではなかなか成果を上げられないことやその原因を説明し、その対策として著者が提案する**底値待機型株式投資**の基本的な考え方をもう少し詳しく解説する。

1.5 株式投資の主流である短期の株式投資はどのような方法であろうか

株式投資を経験したことのない方のために、最初に株式投資について事例風に説明しておこう。

株式投資はある銘柄の「株式を安く買って、株価が高くなったら売れば良い」だけの話である。しかし、実際に株式投資でコンスタントに利益を上げている投資家は多くないであろう。要するに、株式を安く買っていないのである。「価格が変動する株式はいつ投資をするかが最も重要であり、投資のタイミングによって投資が成功するか、失敗するかのどちらになるかが決まる」と言っても過言ではない。

株式投資の経験の浅い人は、証券会社や株式投資の雑誌などが推薦する銘

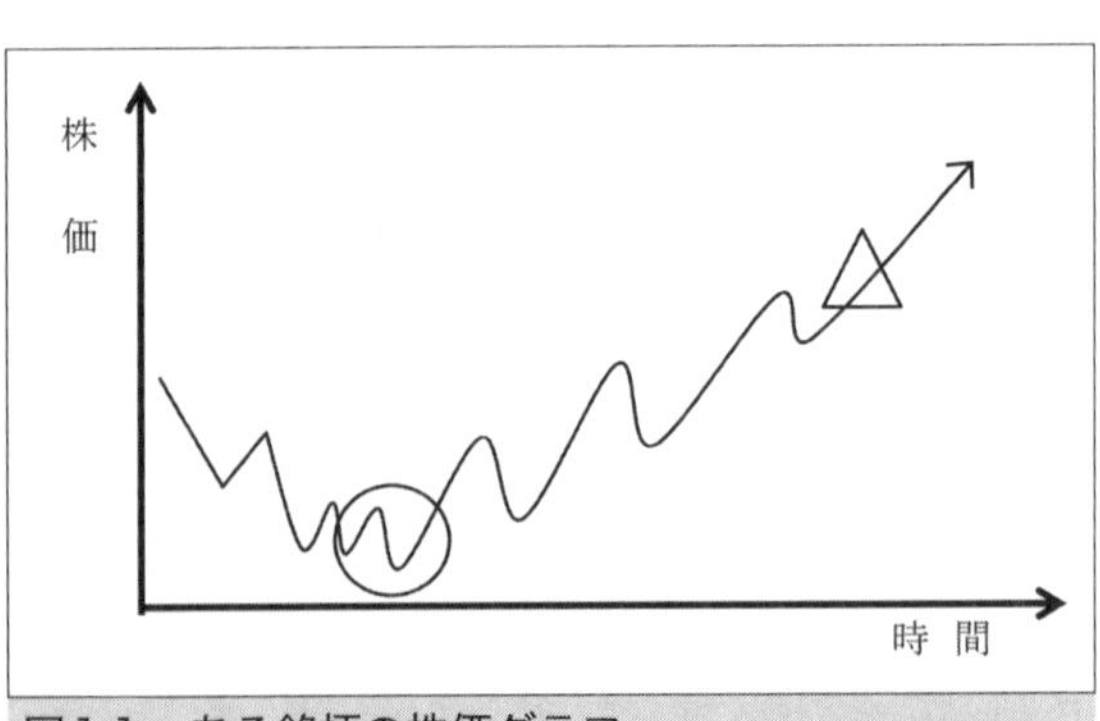

図1.1　ある銘柄の株価グラフ

柄を、投資のタイミングの検討も不十分なまま購入するケースが多いと思われる。一般に、推薦されるような銘柄は業績が好調で、株価は既に非常に高くなっている場合が多く、何か不調なことがあれば大きく下落する可能性が高い。**図1.1**はある銘柄の株価グラフである。株式投資の雑誌などでよく取り上げられるのは△印を付けた辺りで、株価は相当上昇しているが、今後の業績の伸びや同業他社と比較して「株価は割安である」と推奨されている場合が多い。しかし、株価が上昇の終盤に差し掛っていることも多く、購入直後は順調に上昇するが、しばらくして株価の下落が始まると、株式の保有を続けるか、利益が出ている間に売却するかの判断を迫られ、どうすべきか緊張感を伴って迷うことになる。素早く対応しないと株価の急な下落に対応できず、含み損を抱えることになりやすい。大きな含み損を抱えると、早く売却して少しでも良いから利益を確保しておけば良かったと思い、憂鬱な気分になり、精神的にも良くない。この銘柄では**図1.1**の○印で示した所で投資をすれば、大きな利益が得られたであろう。この事例では投資のタイミングが遅過ぎたのである。

1.6 短期の株式投資で勝つ確率は高いのであろうか

株式投資では投資している銘柄の含み益が増加しているときは気分が良いものである。しかし、株価が下がり始めると含み益がだんだん少なくなっていくので、利益のある内に売却しておこうとなりやすい。株価の下落が一時的で再度上昇することも多く、株を売らずに保有しておけば良かった思うケースも少なくない。また、株価が購入価格より下落し始めても、業績が良いのでその内に上昇するであろうと思い、もう少し様子を見ようと判断している間に急に大幅に下がり、含み損が大きくなって売却を余儀なくされ、大きな損をこうむることもある。

このように含み益が出ている場合は早めに売却し、利益が少なくなりやすい。一方、株価が下がり含み損が発生しそうな場合でももう少し様子を見てみようと考え、売却が遅れて損が大きくなることが多い。これを称して**利小損大**と言われる。本来は**利大損小**が目標だが、現実はこれがなかなか難しい。

株式投資は利小損大になりやすいことを考慮すると、例えば10銘柄に投資して7銘柄以上で利益を上げなければ、10銘柄の損益の合計がプラスになることは少ないであろう。株式投資は素人だが経験があり、ある銘柄への投資で利益を確保できる確率（**勝率**）を少し高めで70％とすると、10銘柄に投資して7柄以上で利益を得る確率は、説明はしないが65％になる。この程度の確率ではコンスタントに利益を確保することはほとんど不可能であり、株式投資など止めた方が良いと言うことになりかねない。

プロの株式トレーダーは月単位や年単位で確実に利益を上げなければならない。プロの株式トレーダーの勝率を80％とすると、10銘柄中7銘柄以上で利益を得る確率は88％であり、確率は非常に高い。このような高い確率では、投資した全銘柄の損益の合計はプラスになり、プロの株式トレーダーとしてやっていけるであろう。

以上から分かるように、勝率が80％程度以上でないとコンスタントに利益を上げていくことは困難であり、株式投資で損をしてしまうことが多く、何のための株式投資か分からない。パチンコのように勝つ確率が20％以下で小さくても、基本的にはそのプロセスを楽しむものであり、たまに勝てば嬉しいし、また負けても金額が小さいので、「くそー今回も負けたー」と一過性の憂鬱で終わる。株式投資をパチンコと同じようにゲーム感覚で、「株式を買った、売った」と短期間に売買を繰り返すと、前述の勝率計算でも分かるように株式投資の初心者では勝ち目はない。株式投資は損をした金額が大きいので、気が滅入りやすく、健康にも良くない。また、株価が大きく下がったりすると株式投資のことが四六時中気になって、仕事にも悪影響を及ぼすことになりかねない。

1.7 底値待機型株式投資の具体的な考え方はどのようなものであろうか

株式投資の初心者でも株式投資が面白く、長く継続できることが重要である。そして株式投資を通じて、単なる株式投資の知識の吸収だけでなく、株価に影響を及ぼす政治や経済の動向、更には世界の動きなどにも広く目を向けるようになって欲しいものである。また、仕事をしている方なら視野が広がり話題も豊富になるなど、本来の仕事にも良い影響を及ぼすようになるであろう。本書はこのような一石二鳥としての株式投資ができる方法を提案する。

もう一度株式投資について考えてみよう。株式投資の経験を積むと、株価が上昇トレンドや下降トレンドになっていると思われるタイミングで、株式の買いや**空売り**（付録参照）の投資をするのがほとんどである。したがって、株価の上昇トレンドや下降トレンドが長い場合はほとんどの投資家は収益を上げることができる。しかし、実際には株価の上昇や下降のトレンドが長くはなく、単に上下の波動を繰り返している場合も多いのが普通である。株価の上昇や下降のトレンドが短い場合は収益の確保は非常に難しくなる。個人の投資家にとっては、変動する株価のトレンドの長さまで精度よく予測することは不可能なので、短期的に、かつ安定的に収益を上げることは非常に困難となる。それでは、株式投資で確実に収益を上げるためには、どのように投資をすれば良いのであろうか。

「株式投資で最も大事なことは、適切なタイミングで投資をすることである。」この銘柄が気に入ったので投資をしたいと仮定しよう。**株価チャート**（付録参照）を見て現在の「株価は高めであるが、業績が良いので投資をしておこう」となるのが普通である。本書の方法では株価チャートを見て、「現在が投資の適切なタイミングか否か」を検討する。既に高値の株価であれば、「1年前が適切な投資のタイミングであった」と言うような結論になりかねない。この場合は投資をしてはいけないと言う判断になる。この例のように銘柄を決めて投資を考えると、投資判断が甘く、高値の株価でも投資をしかねない。このようなことを避けるために、「**投資の適切なタイミングになった銘柄に投資をする**」方法を採用する。「**投資の適切なタイミングとは、株価が高値から長期間経て大きく下落し、下がりきって大底に届いたときであり、このときがまさに投資の絶好のタイミングである**」と考える。そこで、「**株価が大底と思われる近辺で分散投資をすることによって購入平均株価をできるだけ安くし、かつ年2回の配当金を得ながら中長期の視点で株価の大幅な上昇を期待する投資戦略**」を採用する。数学的にはこれが最も合理的な株式投資の考え方である。「なんだ！当たり前のことじゃないか！」と思われるであろうが、実際にはこのように対応することができずに、株式投資で安定的に収益を確保できていない投資家が多いのである。この考え方を実行する具体的な方法が**底値待機型株式投資**である。ぜひこの手法をマスターして、金融資産形成に役立てて欲しいものである。

株式投資をするには相当な手間暇をかける必要があると考える方も多いと思われる。趣味として株式投資をする方は別格で、普通は週末の空いた時間を少し活用すれば十分である。底値待機型株式投資では日経平均株価が大きく下落したときが、そしてこのときのみが投資のチャンスなので、年間で1回から数回の投資をするチャンスが来るかどうかの程度である。日経平均株価が大きく下がり、適切な投資タイミングが近づいている銘柄があれば、できれば毎日株価をチェックし、投資をすべきタイミングか否かを判断する必要があるが、ほんの少しの時間で十分なので、安心して底値待機型株式投資に取り組んでもらいたい。

最後に念押しで底値待機型株式投資の良い点を解説しておこう。底値待機型株式投資は株価が高値から十分な期間を経過し、十分下がりきった大底の株価近辺で投資をするので、**時間が経過すると株価は必ず大きく上昇することになる。**例え投資後何らかの理由で株価が下っても大きくはなく、十分下がった株価で投資をしているので、含み益が出るまでの期間が若干長くなるだけで何の問題もない。底値待機型株式投資では株価が大きく上昇するまで株式を中長期に保有するので、普段は投資をした銘柄の株価が上昇するのか下降するのかなどまったく気にする必要はない。実際に著者は全然気にならない。要するに、**株式の保有期間中は投資銘柄や日経平均株価が例え下落したとしても皆目気にならないので、本業の仕事に影響することもない。**このことも底値待機型株式投資の大きな利点である。投資後ある期間を経過すると含み益が出てくるので、気分が良くなるであろう。複数銘柄を保有していると含み益も大きくなり、ルンルン気分で底値待機型株式投資に取り組めることになる。株式を中長期に保有し株価が大きく上昇して株式の売却を検討するタイミングになると、売却銘柄や日経平均株価の動向に注意を払いながら、適切なタイミングで売却し大きな収益を確保することになるであろう。

一方、一般的な短期の株式投資では株価が安値とは言えない株価で投資をするので、**時間が経過しても株価は必ず上昇するとは限らない。**したがって、**投資をした銘柄の株価や日経平均株価が上昇するのかどうか毎日気をもみ、株価の上下で一喜一憂することになる。**

以上のように2つの株式投資の方法には大きな差があることが分かるであろう。底値待機型株式投資の良さがより理解できたのではないかと思われる。

第2章

安全確実で効果的な投資方法の第1は定額積立投資である

本章では定額積立投資の的確な理解から効果的な積立方法やその成果までの必要なことのすべてを解説しているので、定額積立投資は安全確実で効果的な投資方法であることが十分理解できるであろう。新型の「つみたてＮＩＳＡ」を活用して定額積立投資の第１歩をできるだけ早く踏み出してもらいたいものである。

既に新型のつみたてＮＩＳＡを活用して定額積立投資をしている方には、定額積立投資の特性からその成果や換金の仕方までの解説は非常に参考になるであろう。「投資」である定額積立投資に不安があった方は安心して取り組めるようになるであろう。

2.1 定額積立投資は投資の1丁目1番地である

安全確実で効果的な投資方法の１つの方法としては、既によく知られ多くの方に利用されている**定額積立投資**

がある。この投資方法は、定期的に（例えば、毎月）一定金額で株式や投資信託を購入していく方法である。定額積立投資は価格の底値で投資をする方法ではないが、株価や基準価格が長期的には右肩上がりであることを前提に、長期に亘って定期定額投資をすることによって購入平均株価を安くする機械的な投資方法で、優れた投資方法の1つとして知られている。

旧型NISAでも「つみたてNISA」として定額積立投資が推奨されていたので、定額積立投資をしている方は少なくないと思われる。また、大企業では従業員持株会と言う制度がある所も多いので、既に自社の株式の定額積立投資をしている方も数多くみえるであろう。長く定額積立投資をしている方はその良さを実感していると思われる。

定額積立投資では投資をするのにまとまった金額を必要としないので、毎月収入のあるサラリーマンには打って付けの投資方法である。金融資産形成の第1の方法として候補に挙げてもらいたいものである。

2024年からの「新型NISA」では、「つみたてNISA」と「成長投資NISA」の両方のNISAが利用できる。投資のベテランで「成長投資NISA」枠を限度額まで使い切っても、「つみたてNISA」枠として600万円の非課税限度額が残る。したがって、この非課税限度を使用しない手はないので、投資の初心者からベテランまで「つみたてNISA」枠で定額積立投資をまずやるべきである。この意味で定額積立投資は投資の1丁目1番地となる。

2.2 定額積立投資はなぜ優れた投資方法なのであろうか

定額積立投資はまとまった投資金額を必要としないとか、最初に投資銘柄と積立金額などを決定すれば、後は手間暇をかけなくて良いと言う手軽さに優れた投資方法である。しかし、もっと重要な優れたことがある。このことを説明するためにこれ以降は、ある銘柄の株式を定額積立する前提で議論を進めることにする。

定額積立投資は**ドルコスト平均法**とも呼ばれており、定額積立投資の要諦は株価が高いときには購入できる株数が少なく、逆に株価が安いときには購入できる株数が多くなることによって、購入する株式の平均株価を安くすることができることである。

例えば、ある銘柄の株式を毎月買い付ける定額積立投資を20年間続けるとし、定額積立投資による購入株価の平均を**定額積立平均株価**と呼ぶことにする。一方、毎回の買い付け時の株価の20年間の平均を**平均株価**と定義すると、定額積立平均株価は平均株価より安くなる。定額積立平均株価を数学的に考察して見ると、実は「**毎回の購入株数による加重平均**」になっている。このことは今後の解説に不要なので説明はしないが、数学的に興味のある読者は挑戦してみてはどうであろうか。

積立投資には定額積立ではなく、毎回一定の株数を買い付ける一**定株数積立投資**（この場合は毎回購入金額が変動する）も考えられる。一定株数積立投資で購入する株価の平均は、既に定義した平均株価と同じになる。このような観点からも積立投資は定額積立投資にすべきなのである。

2.3 定額積立投資によってどの程度安く買えるのであろうか

定額積立投資によってどの程度安く買えるのかを解析的に求めることは困難なので、具体的な数値計算で確認してみよう。２０１９年から２０２１年の３年間、月初めの日経平均株価を毎月５万円で購入する定額積立投資をしたと仮定する。実際に数値計算して見ると、定額積立平均株価は日経平均株価の３年間の平均株価より２％安くなった。日経平均株価の変動があまり大きくないので、安く購入できる比率は大きくはない。実際の日経平均株価の変動の値を２倍にした数値例を作成して計算すると、定額積立平均株価は７・６％安くなった。したがって、定額積立投資をする銘柄の株価の変動の大きさ次第では、３～４％程度安く購入できるケースも十分あると思われる。

以上のように定額積立をしている間は、株価が上下に大きく変動した方が良いことになる。そして、定額積立が終わる頃に株価が過去最高に上昇していれば、定額積立投資の成果としては言うことなしである。

株式が平均株価より安く買えると言うことは実際どのような効果があるのであろうか。株価が安く購入できるので、その分購入できる株数が増加することになる。例えば、２％安く購入できれば、購入できる株数は２％多くなる。株数が毎年２％多く購入できると、積立期間の株数の合計も２％程度多くなるであろう。このことを数値計算で確かめてみた。毎年株価が一定の割合で上昇すると仮定して計算をすると、購入できた株数は２・04％多くなり、ほぼ前述のとおりとなった。購入できる株数の増加は積立期間と関係なく、約２％であまり大きくないが、株価は毎年上昇すると仮定すると、株価は複利の効果が発揮されるので、大きく上昇することになる。購入した株の評価額は、

株数×株価

となるので、株数が2％程度多くなることは金額換算にすると大きく、定額積立で安く購入できることのメリットは小さくはない。

定額積立の方法として、「毎月積立」、「毎週積立」、「毎日積立」の3つの中から選択する証券会社が多いが、どの積立方法が望ましいのであろうか。定額積立投資では投資銘柄の株価の変動が大きい方が望ましいので、株価の動きを忠実にトレースすることができる積立方法が良いことになる。この観点から判断すると「毎日積立」にしなければいけないことになる。逆に、「毎日積立」が選択できる証券会社を選ぶことが大切で、これも重要なポイントである。付言すると、よく知られた定額積立投資ではあるが、定額積立投資の特徴や特性が如何に世の中に知られていないかを示す事例である。本章では定額積立投資は毎月積立で説明しているが、これは説明の便宜上であって毎月積立を推奨している訳ではないことに十分注意してもらいたい。

2.4 定額積立投資をしている銘柄の株価がどんどん下がり続けると心配だ！

聞く所によると、定額積立投資をしている銘柄の株価がどんどん下がり続けると、目先的には損が大きくなって（もしくは、含み益が減って）いくので、定額積立投資を止める人や止めたいと言う人が多くなるようだ。これは先程付言したように、定額積立投資の特徴や特性を十分理解していないことによるものであろうと思われるし、一方定額積立投資に関してのまとまった資料がないので、単なる投資の仕方のみの理解に留まっていることに由来すると思われる。本書は定額積立投資の特徴や特性を解説する先駆けとなるものである。

定額積立投資をしている銘柄の株価が下がりっぱなしで上昇しないなら、確かに積立は止めた方が良いが、定額積立投資は株価が長期的には右肩上りであること前提にして行うものであり、また既に述べたように株価の変動が大きいほど安く買えるので、株価が大きく下がることを歓迎して欲しいものである。逆に、株価が上昇すれば既に取得している株式数の評価金額が大きくなるので、まさに嬉しいことになる。以上のように定額積立投資では株価が上昇、下降のどちらになっても喜ぶべきことなのである。

もう1つ別の考え方を紹介しよう。定額積立をしている間は、取得株式数の評価金額がどうなっているかに注視するのではなく、むしろ取得株式数がどのように増加しているかに注目して欲しいものである。定額積立投資は取得株式数を増やすことが目的であると考えると、投資銘柄の株価がどんどん下がると、それに応じてより多くの株式が購入できて嬉しくなる。要するに定額積立をしている期間は投資銘柄の「株式数が資産なのであり、評価金額ではない」と考えるべきである。更に言うと、換金するときだけ株価を気に留め、換金によって保有している株式数の減少を如何に少なくするかに努めるべきなのである。

本節の最後に定額積立投資の成果はあまり単純ではないことを説明しておこう。ある銘柄の株式に定額積立投資をしたとする。**図2.1**のように定額積立を開始した時の株価はａ円で、定額積立が終了した時には株価はｂ円まで上昇したとする。投資をした銘柄の株価がａ円からスタートし、**図2.1**

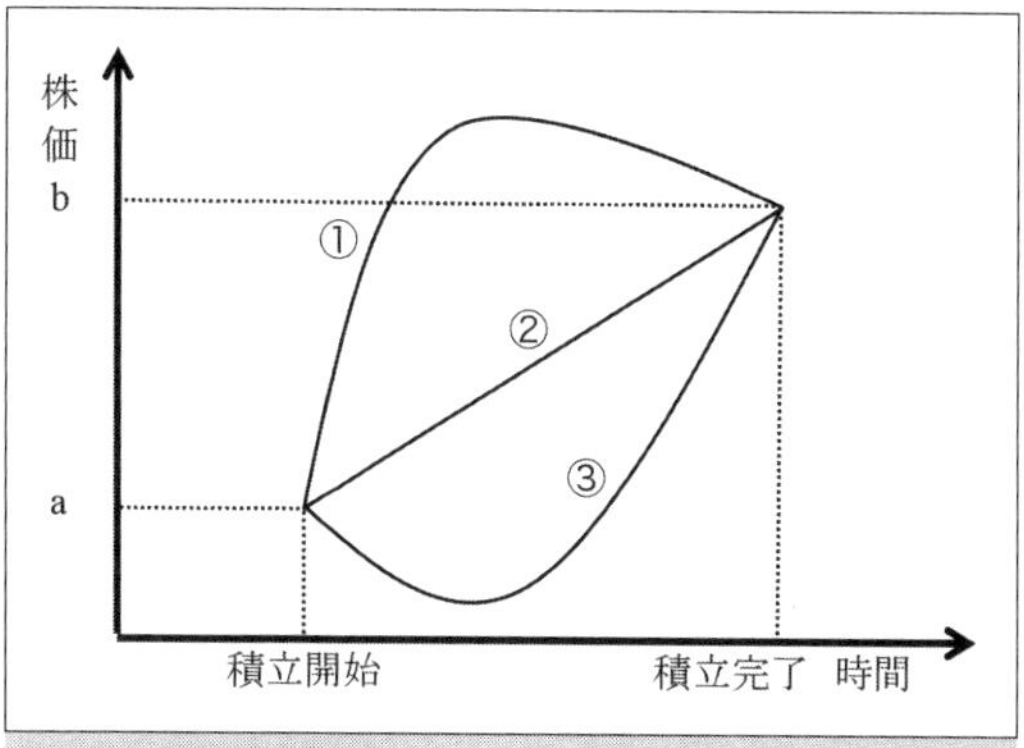

図2.1　株価グラフ

の①、②、③の**株価グラフ**のように上昇や下降をして株価bに辿り着いたとする。①が表す株価グラフは定額積立投資を始めてから急激に株価が上昇したが、後半に株価は下落を続けたケースである。②が表す株価グラフは毎年一定の上昇率で株価が上昇したケースである。③が表す株価グラフは定額積立投資を始めてから長らく株価は下がり気味であったが、その後株価が急騰したケースである。それでは株価が①、②、③のような株価グラフで上昇したとき、定額積立投資の成果はどの株価グラフの場合が最大の成果を上げることになるであろうか。当然③の株価グラフの場合が成果は最大になる。その理由は株価がどの時期でも最も安いので、購入できる株式数が最も多くなるからである。定額積立投資をしている過程では株価によって一喜一憂をするかも知れないが、定額積立投資の成果としては換金時に株価が高いことが最も重要なことである。

2.5 2024年からの新型NISAを活用しよう！

2024年からの「新型NISA」では、「つみたてNISA」部分も大幅に拡充され、1年間の積立限度額は120万円で、積立限度額の総額は1800万円であるが、積立期間に制限がなく、積み立てた金額にはいつまでも税金がかからないと言う非常に大きい特典がある。この非課税の恩典を最大限活用することが肝心である。これから資産形成をしたい方には新型の「つみたてNISA」はたいへん有効な制度であり、ぜひ活用してもらいたい。

2023年3月末現在の旧型の「つみたてNISA」の口座数は783万である。旧型NISAでは投資に関心がある方は「一般NISA」を利用する場合が多いので、「つみたてNISA」の口座数が少な目になっていると思われるが、それでも非常に少ないと言う感想である。定期的に収入のあるサラリーマンの方には、無理なく資産形成ができる定額積立投資に目を向けてもらいたいものである。念のために付言しておくが、新型の「つみたてＮＩＳＡ」を活用して定額積立投資をするためには、まず証券会社にＮＩＳＡ口座を開設する必要がある。口座ができると定額積立投資をする準備ができたことになる。

積立投資と言うと若い人向けと思われやすいが、人生１００年時代であり、50歳以降からでも20年以上の定額積立投資は十分可能である。また、金融資産に余裕があり相続も考えている70歳以上の方は、積立投資によって相続財産を非課税で増やすことができるのでぜひ利用してもらいたいものである。以上のように新型の「つみたてＮＩＳＡ」は全世代の方が利用できる、更に言うと利用すべき制度であると言っても過言ではない。

2.6 定額積立投資で何に投資をするのであろうか

定額積立投資がいくら望ましい投資方法であると言っても、投資した銘柄の株価が右肩下がりでは投資で収益を上げられない。定額積立投資では20年以上の超長期に亘るために、個別の株式銘柄では成長を続けられるとも限らないし、最悪の場合は倒産もあるかも知れない。このような観点から、全世界株の株価指数や米国のニューヨーク・ダウ、Ｓ＆Ｐ５００などの株価指数に連動した**インデックス（パッシブ）型投資信託**を投資対象とするのが一般的である。先程の３つの株価指数はこれまでの所長期的なトレンドとしては右肩上がりであり、今後も右肩上がりとみなして良いであろう。その理由はいろいろあるが、ぜひ読者に考えてもらいたい。逆に、株価指数が長期的に右肩上がりにならないとは世の中がどのようなことになるのであろうか。これについても少し考えてもらいたい。

旧型の「つみたてＮＩＳＡ」では、投資対象の銘柄が金融庁によって決められており、約２２０銘柄で非常に多く、また種類もいろいろあり幅広い選択肢を提供している。対象銘柄の選定の考え方は、リスクが小さく、手数料も安いなど投資家の観点に立って絞られており、非常に望ましい。新型の「つみたてＮＩＳＡ」も同じことになるであろう。

各証券会社がこれらのすべての銘柄を取り扱っているとは限らないが、銘柄の種類としてはほとんどすべてを取り扱っているので、選択に迷うことになるであろう。例えば、

（１）身近な日本株の株価指数に連動した投資信託にする。

（２）政治経済や金融の分野で今後も世界の中心を続けると思われる米国の株価指数に連動した投資信託にする。

（３）個別の国ではなく全世界株の株価指数に連動した投資信託にする。

（４）国内株式、外国株式、国内債券、外国債券などを組み合わせた**バランス型**の投資信託にする。

などの案が考えられるが、これから長い先のことなのでどれが正解か分からない。一般的に言えることは、株価指数に含まれる個別銘柄の数が多いもの（例えば（３）の投資信託）はリスクが小さくなるが、当然リターンも小さくなる傾向がある。債券はリスクは小さいがリターンも小さいので、優先順位は低いと考えられる。実際の所は、（３）の投資信託を選ぶ人が多いようである。（２）の投資信託はリターンが大きい結果が出ているが、リスクも大きくなる可能性もある。リスクとリターンは投資信託の基準価格の変動のことであり、定額積立投資は基準価格の変動が大きい方が購入価格は安くなることを説明した。したがって、（２）の投資信託も良い候補と考えられる。自分なりの投資の考え方を明確にして投資銘柄を決定する。もちろん、銘柄を１つに絞る必要はなく、

（2）と（3）から銘柄を1つずつ選び、2銘柄を定額積立投資をするのも良い案である。

定額積立投資のリスクと言うと、積立完了時ではなく換金（売却）時に基準価格が高いかどうかである。新型NISAでは非課税期間が無期限なので、「換金するときに基準価格ができるだけ高くなるまで待つことによって投資家のリスクはかなり回避できる」ことになる。ただし、この待つ期間が1年なのかもう少し長いのかが分からない所が気になるかも知れない。このようなことも投資銘柄を決定する際の参考にすると良いだろう。また、個々の投資信託の総資産額は人気のバロメーターと考えられるので、銘柄選択の参考になる。なお、定額積立投資のリスクについては10.4節で解説する。

投資信託の銘柄の決定は収益やリスクの観点からの選択が最も重要であるが、次のような観点も考慮に入れた方が良い。定額積立投資は積立期間が非常に長いので、手数料が安いかどうかも注目すべきである。全般には手数料は安くなってきているが、まだ差はあるので注意が必要である。もう1つのポイントは投資信託の分配金である。定額積立投資では分配金は再投資をするのが普通である。したがって、年間非課税限度額や積立限度額は定額積立の金額と分配金の合計で制約を受けることになる。そのため分配金を少なくし、その分内部留保を多くして基準価格を高くしていく考えの方の投資信託が望ましいことになる。究極的には、分配金なしの投資信託が望ましいことになる。積立限度額まで積み立てると、分配金も非課税の積立ができなくなる。しかし、無分配の投資信託なら分配金を非課税で積立ができることと同じになる。現在無分配の投資信託もあるようだが、新型NISAを契機として無分配の投資信託が更に増えることが望ましい。

2.7 インデックス型投資信託がなぜ良いのであろうか

株式を対象にした投資信託には、既に述べたインデックス型投資信託と個別の銘柄の株式に投資をして収益の最大化を狙う**アクティブ型投資信託**の2種類がある。後者の投資信託は運用者の能力によって投資の成果が大きく変動する。実態としては意外にも投資の成果が良いものが少ないのである。過去のデータによると、アクティブ型投資信託はその関連の株価指数の年間の上昇率より劣る成果しか上げられていないものが多数を占めるようである。したがって、インデックス型投資信託より優れた成果を毎年上げ続けられるアクティブ型投資信託を選択することは非常に難しい。このような観点から定額積立投資にはインデックス型投資信託を選択することが多い。しかし、これは少し消極的な考え方なので、適切なアクティブ型投資信託を選定できる自信のある方はこの限りではない。望ましい運用方針に基づいて投資信託の設定から今日まで長期的には右肩上がりで、株価指数の上昇率を上回る成果を上げているアクティブ型投資信託もあるようだ。旧型の「つみたてＮＩＳＡ」の投資対象銘柄には、アクティブ型投資信託が少し入っている。新型の「つみたてＮＩＳＡ」も同じことになると思われる。投資の経験が豊富な方には、投資対象になっているアクティブ型投資信託の検討もお勧めする。

2.8 インデックス型投資信託の成果はどのようなものであろうか

インデックス型投資信託がどの程度の成果を出しているのか調べてみよう。米国の株価指数Ｓ＆Ｐ５００に連動する**上場投資信託**（ＥＴＦ）Ａは最新の約13年間で基準価格は６・９倍になった。素晴らしい成果である。同じ株価指数に連動する2つ目の上場投資信託Bは設定以来約6年間で基準価格は2・5倍になった。以上のことは米国株が如何に好調であったかを示唆している。

もう1つ期待が持てる過去の実績データを紹介しておこう。聞く所によると、全世界株の株価指数に連動するインデックス型投資信託のある銘柄の基準価格は、過去30年間の年平均上昇率は7・8％であったそうである。このように過去の実績データでは大きな成果が得られたことが分かる。もちろん、過去の実績データが将来の成果を保証するものではないが、今後も同じようになる可能性は十分あると考えるのが妥当であろう。

それでは日本株はどうであろうか。ＴＯＰＩＸに連動した上場投資信託Ｃの基準価格は最新の20年間で2・5倍になった。先程紹介した上場投資信託のＡやＢと比較するとかなり見劣りがする。日本株は１９９０年にバブル経済が崩壊するまでは基本的には右肩上りであった。しかし、バブル経済の崩壊後は「失われた20年とか30年」などと言われ、日経平均株価は長らく低迷を続け、右肩下がりとも言える状況であった。ここ数年アベノミクスなどの政策効果で徐々に日経平均株価も上昇し、１９８９年12月に記録した過去最高値である３８９１５円にだいぶ近づいてきた。日本経済の変化を考えると今後はそれなりの期待が持てることになるであろう。

2.9 インデックス型投資信託の定額積立投資の成果はどのようなものであろうか

米国株や全世界株のインデックス型投資信託の基準価格は長期的に右肩上がりであることやその年間上昇率がかなり高いこともよく分かった。それではインデックス型投資信託を定額積立投資をした場合どの程度の成果になるのであろうか。しかし、残念ながら著者は現在このデータを持ち合わせていない。そこで、その成果がどうなるかを計算してみよう。
前節で紹介したが、全世界株の株価指数に連動するインデックス型投資信託のある銘柄の基準価格は、過去30年間の年平均上昇率は7・8％であった。インデックス型投資信託の基準価格の年平均上昇率が7・8％のとき、基準価格が毎年7・8％上昇すると期待して良いかと言うと、残念ながらそうではないのである。それでは毎年何％の上昇率があるとみなせるのであろうか。この例では参考になる年間上昇率は計算できないので、年間上昇率が計算できる例で議論を進めよう。

TOPIXに連動した上場投資信託Cの基準価格は最新の20年間で2・5倍になったことを前節で紹介した。当初の基準価格をaとすると、20年後の基準価格は2.5aである。20年間で2・5倍になった上場投資信託Cの基準価格の実際の推移したグラフ（**基準価格グラフ**）が分からないので、基準価格が20年間毎年同じ上昇率xで上昇したと仮定する。このことを2.4節の**図2.1**で説明すると、基準価格グラフが②の直線であると仮定することになる。基準価格グラフが直線の場合は、定額積立投資の成果で言うと「平均的な成果」を出すと考えられる。以上の仮定より、当初の基準価格aが20年の複利の計算で2.5aになったと考えれば良いので、

$$a \times (1+x)^{20} = 2.5a$$

となり、xは0・047となる。すなわち、基準価格の年昇率は4・7％になる。この数値は日本株の「厳しめの成果」を基にしているので、「悲観的な上昇率」と考えて良いだろう。投資したインデックス型投資信託の基準価格の毎年の上昇率が4・7％の場合、月3万円、すなわち年36万円を30年間の定額積立投資をした場合の成果は、

積立額＝1080万円、成果＝2427万円（2・25倍）

となる。括弧内の数字は成果が積立額の何倍になったかを表す。この結果は定額積立投資の「悲観的な見通し」の場合の成果であるが、かなり増えている。2.3節で説明したように定額積立投資では2〜4％ほど安く買えるので、安全サイドに見て2％安く買えるとして前述の結果にはこのことも織り込んでおり、今後の計算にも同様に処理をする。「老後の資金2000万円問題」は解決することになる。

参考までに月2万円、すなわち年24万円を30年間の定額積立投資をした場合の成果は、前述の成果が積立額の何倍になるかを示す数値が使用できるので、

24×30×2.25×1.02＝1,652

となり、定額積立投資の成果は1652万円になる。月1万円積立額が少ないと成果はかなり小さくなることに注意する。なお、前述の式の数値1・02は定額積立投資では2％ほど安く買えることを織り込むためのものである。

前節で説明した上場投資信託Aは約13年間で基準価格が6・9倍になった。このケースについて考えてみよう。この成果は少し出来過ぎのきらいがあるので、6・9倍の35％の2・42倍になると言うケースで計算しみる。この場合の年間上昇率は7％になり、先程と同じ定額積立投資をした場合の結果は、

積立額＝1080万円、成果＝3711万円（3・44倍）

となり、かなり大きな成果であるが、これは定額積立投資のありそうなケースで「標準的な見通し」の場合の成果である。

先程の6・9倍の35％は安全サイドの考え方である。そこでもう少し楽観的に考え、6・9倍の50％の3・45倍になるとすると、年間上昇率は10％になる。これは非常に大きな数字で、株式投資など他の投資を考える必要

がないくらいの数字である。先の例と同じ定額積立投資をした場合の結果は、

積立額＝１０８０万円、成果＝６６４４万円（６・15倍）

となり、たいへん大きな成果になる。ただし、この成果は「楽観的な見通し」の場合の成果である。

証券会社のホームページを調べても、定額積立投資の実際の成果は公表されていないようである。定額積立投資の成果は年間上昇率が何％ならいくらになると言うものがほとんどである。年間上昇率が何％になるかが分からないので、これでは成果の見通しがまったく立たないことになる。しかし、本書では実際のデータを利用して3種類の成果を計算したので、少しは成果の見通しが立つようになったのではないかと自負している。

なお、前述の計算にはインデックス型投資信託から毎年受け取れる分配金を含めていないので、前述の計算結果より更に多くなる。インデックス型投資信託の定額積立投資にますます興味が湧いてきただろうか。

2.10 定額積立投資はどのような積立方法が効果的であろうか

自分の資金の事情から定額積立投資をどのようにすると最も効果的になるのであろうか。定額積立は複利の効果を活用するために、早期に積立を開始し、多めの金額で積み立てることである。資金的余裕ができれば積立額を増額するのは非常に効果的である。定額積立と言う言葉に拘らず、資金に余裕があるときは増額し、出費が多く厳しいときには減額するなど柔軟に対応をすれば良い。また、一部取り崩しもできるので自分の資金需要に合った対応がしやすいことにも注目する。ただし、取り崩しはできるだけ避けるべきである。

定額積立投資は若い人向けと考えやすいが、50代や60代の人も十分利用できる。例えば、10年とか15年積み立てた後は、積立を止め積立額が非課税で増加するのを見ているだけで良い。70代でも資金的に余裕のある人は、非課税枠を活用するために定額積立投資を利用しない手はない。

例えば、月10万円、すなわち年120万円を積み立てると15年で積立限度額1800万円になる（実際は分配金があるので、15年以前で積立限度額になる）ので、後は基準価格の上昇で投資信託の評価額が非課税でどんどん増えるのを楽しみにすれば良い。成長投資NISAを限度額1200万円まで使用する人は、毎月10万円を5年積み立てると、限度額の600万円になるので、その後は非課税で資産が増加していくことになる。定期預金や国債を持っている人はこれらを定額積立投資に振り向けるのが効果的であろう。

1つだけ注意をしておく。例えば、2年で240万円を積み立て、その後は積立を止めて投資信託の評価金額が非課税で増えるのを期待すると言う積立方法も考えられる。しかし、この場合は積立期間があまりにも短いので、投資信託を高値で購入する可能性がある。したがって、積立期間は少なくとも5年程度は行い、高値掴みにならないようにすることが重要である。

前述の例のように定額積立投資はすべての年代の人が活用できる安全確実な投資方法なので、新型NISAを活用して定額積立投資を行ってもらいたいものである。再度繰り返しておこう。定額積立投資は投資の1丁目1番地である。

具体的な例で定額積立投資の成果を計算してみよう。前節で説明した3つの基準価格の年間上昇率を使用して計算する。また、定額積立は2％程度安く買えることも織り込んで計算する。今回の計算でも分配金は考慮しない。以下、参考になりそうな積立方法の例でその成果を示しておこう。成果の行の括弧内の数字は成果が積立額の何倍になったかを示す。

（1）積立の例1

積立方法：毎月3万円、年36万円を20年間積立

成果（悲観）：1232万円（1・71倍）

成果（標準）：1610万円（2・24倍）

成果（楽観）：2313万円（3・21倍）

（2）積立の例2

積立方法：毎月3万円、年36万円を25年間積立

成果（悲観）：1761万円（1・96倍）

成果（標準）：2485万円（2・76倍）

成果（楽観）：3973万円（4・41倍）

（3）積立の例3

積立方法：当初月3万円、5年毎に5000円を追加した積立額で30年間積立

成果（悲観）：3175万円（2・08倍）

成果（標準）：4687万円（3・06倍）

成果（楽観）：8054万円（5・26倍）

（4）積立の例4

積立方法：毎月4万円、年48万円を15年間積立、その後10年間積立なし

積立開始から25年後の成果

成果（悲観）：1712万円（2・38倍）

成果（標準）：2590万円（3・60倍）

成果（楽観）：4438万円（6・16倍）

（5）積立の例5

積立方法：毎月5万円、年60万円を10年間積立、その後10年間積立なし

積立開始から20年後の成果

成果（悲観）：1258万円（2・10倍）

成果（標準）：1780万円（2・97倍）

成果（楽観）：2783万円（4・53倍）

（6）積立の例6

積立方法：毎月10万円、年120万円を15年間積立、その後5年間積立なし

積立開始から20年後の成果

成果（悲観）：3402万円（1・89倍）

成果（標準）：4616万円（2・56倍）

成果（楽観）：6810万円（3・78倍）

なお、投資信託の定額積立投資の成果は購入した投資信託の毎年の基準価格の上昇率の違いで大きく異なるので、前述の計算例は目安として考えてもらいたい。

2.11 定額積立投資をより効果的にする方法はどのようなものであろうか

定額積立投資は一旦投資銘柄と積立金額などを決めれば、その後は特に対応しなければならないことはない。その意味で**ほったらかし投資**とも呼ばれている。しかし、少し工夫をすることによって投資効率を上げることができる。すなわち、投資銘柄の基準価格が下がり安くなった（例えば、それまでの購入平均基準価格より安くなった）ときには積立金額を多くすると、購入できる口数が増加するので購入平均基準価格を下げることができる。また、基準価格が上昇し高くなってきたときには元の積立金額に戻す。このように基準価格によって積立金額を変更する方法が第2の安全確実で効果的な投資方法で、**効率追求型積立投資**と呼ぶことにする。この方法では、積立金額をタイミングよく変更できることがカギとなる。積立金額の変更がタイミングよくできるかどうかは証券会社によって異なると思うので、口座開設時によく確認しておくことが大切である。逆に言うと、証券会社に新型「つみたてＮＩＳＡ」の条件、すなわち年間非課税限度額を超えない範囲で効率追求型積立投資ができるシステムを構築して欲しいものである。

参考までに積立額の決め方について説明しておこう。年間非課税限度額１２０万円に届きそうな金額で積立を考える場合を想定してみよう。年間４カ月程度は他の月の倍の金額で積立をする可能性があると仮定すると、

120 ÷ (12 + 4) = 7.5　(万円)

となるので、月7・5万円以下で積立をすれば良い。分配金がある場合は年間非課税限度額120万円から分配金分を差し引いて計算する。

2.12 効率追求型積立投資の効果はどのようなものであろうか

積立額が一定の定額積立ではなく、基準価格が安いときには積立額を増やすと、購入平均基準価格を下げることができるので、基準価格が上昇すれば投資成果が大きくなることは容易に想像できるであろう。それでは効率追求型積立投資の効果がどの程度であるかを数値例で見てみよう。

2.3節で説明した2019年から2021年の3年間の日経平均株価のデータを使用する。各月の日経平均株価が3年間の日経平均株価より安いときは積立金額を2倍にする効率追求型積立投資をしたと仮定する。実際に数値計算して見ると、効率追求型積立投資の購入平均株価は、定額積立投資よる購入平均株価より3・5%安くなった。また、積立額を3倍に変更すると5%安くなり、効果はかなり大きくなる。

効率追求型積立投資の効果は定額積立投資より購入平均基準価格が安くなることだけでなく、**安心して投資額を増やし、購入する投資信託の口数を増加することによって将来のリターンをより大きくすることができること**も第2のメリットで、むしろこのメリットの方が効率追求型積立投資の効果としては大きいと考えるべきである。

2.13 定額積立投資による成果をどのように換金するのであろうか

新型「つみたてＮＩＳＡ」では非課税期間は無期限なので積立限度額まで積立を完了した後も、積み立てた投資信託を保有しておけば良い。投資信託の基準価格の上昇で評価金額が非課税で増加していくことになる。

もし換金の必要性があるなら、その時期や金額を明らかにして換金の計画を立案する。投資信託の基準価格の推移を調べ、十分高ければ必要なタイミングで換金すれば良い。基準価格が大き目に下がっているのであれば、単純に換金するのもつまらない話である。保有している投資信託の基準価格の見通しを自分なりに立ててみる。もちろん、簡単ではない。例えば、日経平均株価に連動するインデックス型投資信託なら、参考になる記事がインターネットで簡単に調べられるので、基準価格がまだまだ下がりそうなら早めに換金するとか、基準価格が今後高くなりそうなら換金を少し先延ばしにするとか、自分なりの工夫をすることである。大事なことは換金によって投資信託の口数の減少を最小限にすることである。換金するまでは投資信託の総口数が財産なのである。

収入のかなりの部分を定額積立投資に振り向けて金融資産形成に取り組んでいる若い方は、金融資産の多くが定額積立投資の評価額になる場合が多いであろう。そこで、投資をしている投資信託の基準価格が特に高くなったときにその一部を売却し、ある程度のお金を手元におき、元本が保証されている定期預金などにしておくと、急にまとまったお金が必要になったときにも対応でき、安心して定額積立投資ができるであろう。このような対応ができるので、積立金額を多めにして定額積立投資をするのは良い方法である。

第2章　安全確実で効果的な投資方法の第1は定額積立投資である

第３章

安全確実で効果的な投資方法の第３はアクティブ型積立投資である

第２章で紹介した効率追求型積立投資より成果を大きくすることができるのが「アクティブ型積立投資」である。積立投資と呼んでいるが定期積立ではなく、投資信託の基準価格が大きく下がったときにのみ投資をする非常にシンプルな投資方法である。投資の未経験者にも安心して活用できるので、資金的に余裕がある方は新型の「成長投資ＮＩＳＡ」でアクティブ型積立投資をすると効果的である。また、株式投資への理解にもつながるであろう。株式投資はどうしても性に合わない方にはぜひ取り組んでもらいたい投資方法である。

3.1 アクティブ型積立投資はどのような方法であろうか

本章では日経平均株価に連動するインデックス型投資信託に投資をすることを前提で議論を進める。昨年の２０２２年の日経平均株価は１年間に６回大きく下げている。このように日経平均株価は１年間には１回から数回大きく下げるときがあるので、この大きく下げたタイミングで投資をし、これを中長期的に続ける方法は大きな成果が期待できる投資方法である。この方法が第3の安全確実で効果的な投資方法で、**アクティブ型積立投資**と呼ぶことにする。この方法は日経平均株価が安いときにだけ投資をするので、第2の効率追求型積立投資より更に効率よく成果を上げることができる。日経平均株価の下げの大きさに応じて投資額を増額すれば、購入平均基準価格を一層下げて保有口数が増えるので、投資効果はより大きくなる。この方法では年間何回投資のチャンスがあるか不明であるが、投資はチャンスをじっくり待って行うものと心得ておくべきである。プロの投資家と違って、素人の投資家の強みは定期的に利益を出す必要がないことであり、「急いでは事を仕損じる」ではなく、適切な投資のタイミングを待つことが大きな成果につながると自覚すべきである。

アクティブ型積立投資は中長期投資を前提にし、日経平均株価の動向だけを観察しておけば良いので、株式投資の未経験者や初心者にも問題なく対応できるであろう。アクティブ型積立投資に実際に取り組むと、投資がそう難しいものではなく、また不安なものでないことがよく分かるであろう。その結果、次章で解説する底値待機型株式投資にも迷いもなく取り組めるようになると思われる。アクティブ型積立投資の投資対象としてはインデックス型投資信託だけでなく、上場投資信託も対象になる。上場投資信託にはいろいろな種類があるので、自分で調べるとたいへん勉強になるであろう。上場投資信託は普通の投資信託と違って株式市場が開場している時はいつでも取引ができるので、投資をしたい上場投資信託の価格の推移を見ながら投資をすれば良い。日経平均株価は株式市場全体の動向を見るために参考にする。アクティブ型積立投資で個別銘柄の株式に投資をする方法も考えられるが、株式投資をするのであれば底値待機型株式投資の方が望ましいので、本書ではお勧めしない。資金的に余裕のある方は、定額積立投資だけでなく、新型ＮＩＳＡの「成長投資」枠を活用してアクティブ型積立投資をぜひ行って欲しいものである。

3.2 日経平均株価がどの程度下げたときに投資をするのであろうか

日経平均株価が大きく下げたときに投資をすると言っても、どの程度下げてきたときに投資をすれば良いのであろうか。日経平均株価が大きく下げるときの下落率は、10%か、15%か、20%のいずれかの場合が多いと言われているが、実際のデータで調べてみよう。

２０１８年から２０２２年までの５年間で、日経平均株価が大きく下げたときの下落率とその回数を度数分布にしたものが**図3.1**である。高値から10%前後下げたケースがほとんどである。15%を超えて下げるのは稀のようである。２０２０年の新型コロナ・ショックのときは約32%の下落率であった。先程の５年間では最大の下落率であり、アクティブ型積立投資の大きなチャンスであった。

アクティブ型積立投資では、日経平均株価が高値から３%程度下げてきたときは投資のチャンスが近づいていると判断する。日経平均株価の下げの底値を確かめ、例えば５%程度以上の下げなら投資をする。当然ながら日経平均株価の底を当てることは難しいので、当面の底と思われる所で何回かに分けて投資をする（**分散投資**）。アクティブ型積立投資は中長期的な積立投資なので、底値での投資にそれほど拘らず、底値近辺で投資ができれば十分である。株価の底に関しての詳しい議論は第４章、第７章、第９章で行う。

日本や世界経済が順調で日経平均株価が長期に亘って右肩上がりのケースでは、日経平均株価が５%程度の下落でも投資のチャンスとなる場合もあると思われる。自分なりの工夫をすれば良いが、思いもかけぬことで日経平均株価が大きく下落することもあるし、株価は大きく上昇するとその反動がいつかは来るので、この大きなチャンスを待つのが望ましい。投資のチャンスがなかなか来ないと焦った気持ちでは投資をしない方が良い。チャンスは必ず来るものであり、このようなときこそ投資額を大きくすると効果絶大である。

再度まとめとして述べておこう。アクティブ型積立投資の投資効率を上げるには、日経平均株価の下げの大きさに応じて投資額を大きくすると効果的である。日経平均株価が大きく下げていると安心して投資ができるので、投資額も増額しやすいであろう。逆に、日経平均株価があまり下げていないときは投資額を少なくすると投資がしやすいことになる。

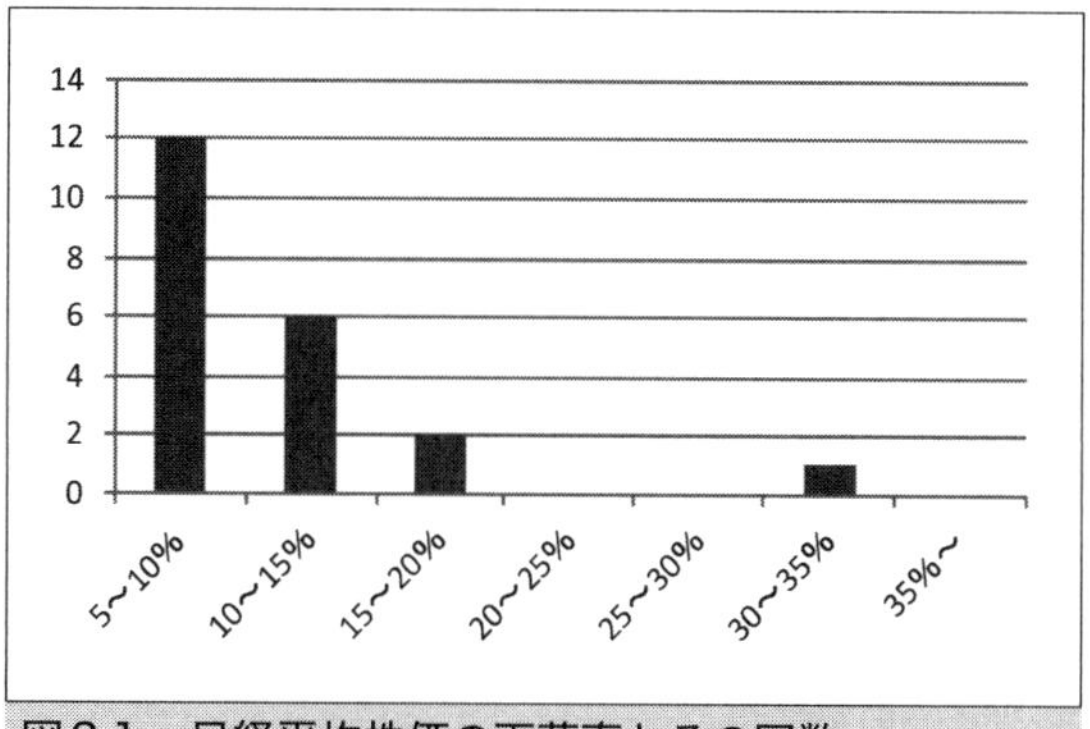

図3.1　日経平均株価の下落率とその回数

3.3 アクティブ型積立投資の効果はどのようなものであろうか

アクティブ型積立投資の効果は、日経平均株価の下落率の大きさに直接関係しているので、日経平均株価の下落率を知れば良いことになる。日経平均株価の下落率の大きさについては前節で説明をしたので、おおよその効果は類推できるであろう。

参考のために、２０２２年の日経平均株価のデータでアクティブ型積立投資の効果を計算してみよう。２０２２年の各月の最初の日経平均株価で定額積立投資をしたと仮定する。アクティブ型積立投資の効果を計算してみよう。２０２２年の６回の安値のときに同じ金額で投資をしたとする。アクティブ型積立投資の購入平均株価は、毎月の定額積立投資の購入平均株価より約11％安くなり、アクティブ型積立投資の効果はかなり大きいと言える。また、日経平均株価の下げの大きさに応じて投資金額を大きくすると、効果は更に大きくなる。

3.4 アクティブ型積立投資を効果的に活用するとはどのようなことであろうか

新型の「つみたてＮＩＳＡ」を活用して、あるインデックス型投資信託の定額積立投資をしていると仮定する。このインデックス型投資信託の購入平均基準価格を「計算上」大きく下げる方法として、アクティブ型積立投資を活用する方法がある。すなわち、アクティブ型積立投資で定額積立投資をしているインデックス型投資信託に投資をする方法である。アクティブ型積立投資の購入平均基準価格は定額積立投資の購入平均基準価格よりかなり安くなるので、２つの投資で取得した全口数の購入平均基準価格は定額積立投資単独の購入平均基準価格よりかなり安くなる。このように2つの投資方法を活用することによって、定額積立だけの投資と比較してより確実に、大きな成果が期待できると確信できるであろう。この方法は「効率追求型積立投資の拡張版の投資方法」と考えることができる。

3.5 日経平均株価が天井を打ちそうなときはどのようにするのであろうか

日経平均株価が大きく上昇し、インデックス型投資信託の含み益が増加すると気分が良い。しかし、何らかの理由で日経平均株価の大きな下落が予想されると、せっかく大きく増加した含み益が減少するかも知れないと気になるであろう。長期的な積立投資では「評価金額」ではなく、「口数」が資産であると考えた方が良いと説明したので、日経平均株価が下がり、また投資のチャンスが来るかも知れないと考えるべきである。しかし、投資の知識や経験が増えてくると次のような対応も考えられる。

日経平均株価の大きく下げそうなときは、投資しているインデックス型投資信託を1~2割ほどを売却して現金化し、手持ちの投資資金を増やして次の投資のタイミングに備える方法もある。ただし、この方法による成果は日経平均株価の下落の大きさに左右されるので、特別なタイミング以外ではお勧めをしない。このような売却を実際に行うのではなく、投資の経験を積むために机上で売却のシミュレーションをする案もある。

3.6 アクティブ型積立投資による成果をどのように換金するのであろうか

アクティブ型積立投資は新型ＮＩＳＡの「成長投資」枠で行うので、こちらも非課税期間は無期限である。したがって、投資は中長期に亘って行えば良いが、定額積立投資と違って自由度が大きいので、価格が特に大きく上昇したときに一部売却や全部売却する案もある。特に、金融資産の中で投資金額の割合が高くなった場合は高値のときに一部売却をして、投資金額の割合を自分の希望レベルに合わせることも良いであろう。また、日経平均株価はバブルの様相を呈しているなどとマスコミで話題になってくると売却のタイミングが近いかも知れないと考えておきたい。

第4章

安全確実で大きな成果が期待できる投資方法は底値待機型株式投資である

底値待機型株式投資は5年程度の期間の株価チャート（月足）に対して、「投資ゾーン」と「売却ゾーン」を定義する。株価が投資ゾーンの安値になったときに投資をして株式を中長期に保有する。中長期で保有した銘柄の株価が大きく上昇し、売却ゾーンの高値になったときに売却すると言う「非常にシンプルな投資方法」を採用する。投資は「適切な投資タイミング」になった銘柄に絞るので、投資の頻度は多くなく株式投資が手軽にできる。株式投資に目を向けてこなかった方にも安心して、かつ期待を持って取り組めるであろう。

4.1 株式投資の魅力はなんであろうか

インデックス型投資信託の定額積立投資は安定的に収益を確保しやすいが、評価額が投資額の2～3倍になるには長い期間を必要とする。一方、個別銘柄への株式投資では短期的に2～3倍になるケースは珍しいことではない。**テンバガー**と言われるように10倍になる場合もあり、適切な銘柄の選択ができれば大きな成果につながる。株式投資はやり方次第で大きな成果を上げられるのでたいへん魅力的である。

株式投資のもう1つの魅力は、年2回の配当が得られることである。年間の**配当利回り**（6.2節参照）は平均的に2％程度あり、銀行の預金金利と比べるとはるかに高い。**図4.1**は上場企業の２０２３年度の年間の予想配当利回りとその企業数の度数分布である。予想配当利回りが４％以上の企業も多数あり、驚かれる方も多いであろう。

4.2 株式投資の問題点とその対応策はどのようなものであろうか

株式投資では投資元本が保証されている訳ではなく、株価の変動によって投資元本が増減する。株価の下落による元本割れのリスクや株式投資では大損する可能性が高く怖いと言う理由で、株式投資に背を向けている方が多いであろう。それでは株式投資のリスクをよく理解したうえで株式投資をしている方は、収益を十分上げているのであろうか。実際の所は安定的に収益を上げている方は少ないと思われる。

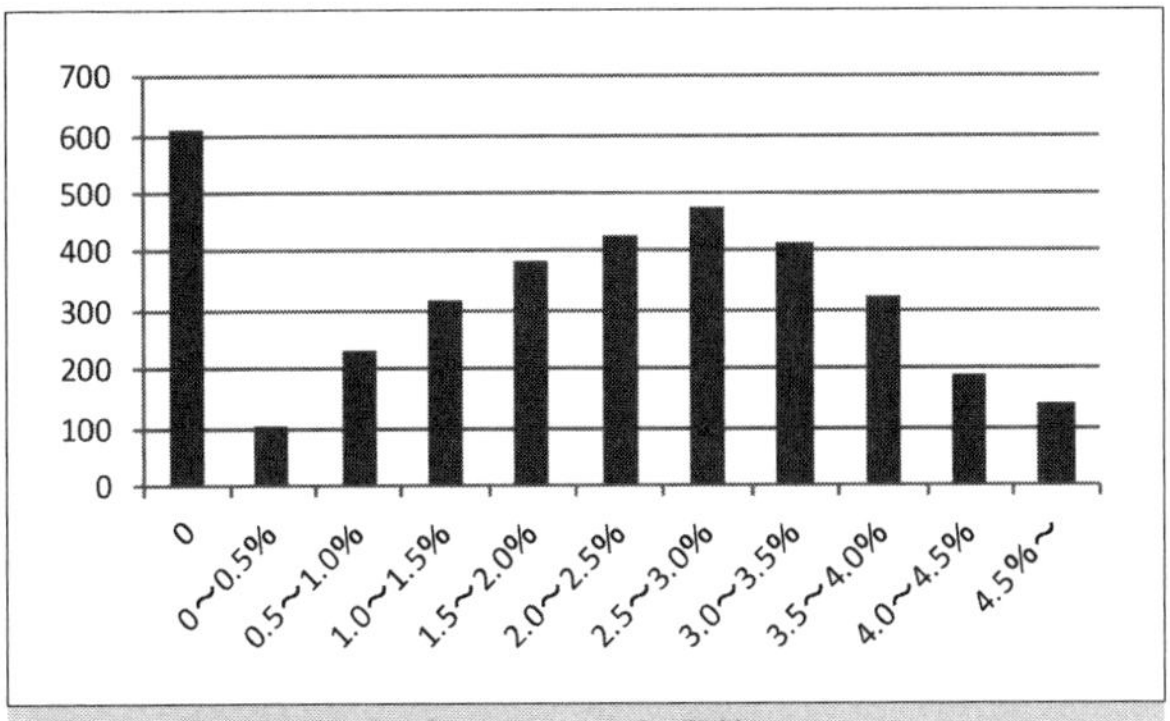

図4.1　予想配当利回りとその企業数

(注) 図は株予報Proのホームページから引用

株式投資は「安値で買って、高値で売る」だけであるが、第1章で述べたように安く買っていないのであり、「安値」がいわゆる「相対的な安値」を意味している場合が多く、実際の株価はもう既に高くなっているのである。株価は上下を繰り返しながら上昇したり、下降したりする。株価が高くなればなるほど天井に近づくので、株価が下落する確率はだんだん高くなると考えられる。したがって、株価が高値のときの投資では、当然ながら成功する確率が低くなるのは自明である。

また、「相対的な安値」と言うより、過去2、3カ月間の安値で投資したが、この安値から更に下げてしまったと言うケースも多いかも知れない。

以上の2つの例の問題点は何であろうか。株価がこれから上昇すると予測したので投資したのである。しかし、予測の精度が高くないので不幸にも株価が下がり投資に失敗した。予測と言うと言葉はきれいだが、実際は株価の上昇に「賭けた」と言うのが適切である。これでは株式投資が「博打」になり、毛嫌いされてしまうことになる。予測の精度はしょせん上げられないと考えるべきで、無駄な努力は止めた方が良い。そこで、「**株価が高値の天井から十分な期間を経て、十分下がりきった底値で投資をする**」ことが問題点の対応策である。底値で投資をするので、株価が大きく上昇するには時間が長くかかる場合もあるが、大きな成果を確実に上げられる勝利の方程式である。この方法が「**確率変動する株価に対して、確実に収益を上げる唯一の手法である**」と言っても過言ではない。

4.3 株価の底値について考えてみよう

次に、株価の底値について考えてみよう。個別企業の実際の株価の推移を観察すると、過去の底値は一目瞭然である。実際の**株価チャート**（付録参照）で過去の株価の底値を見てみよう。

図4.2はS社の長期間の株価チャート（月足）である。本の「はじめに」にも書いたように本書の日経平均や個別企業のすべての株価チャートはマネックス証券（株）のホームページから引用している。再度引用元を記すので今後の株価チャートには引用元を記載することを省略する。**図4.2**の株価チャートでは**出来高**を省略しているが、今後の株価チャートも同様である。これは図のスペースを少なくするためであり、出来高を軽視している訳ではない。出来高については9.1節で解説している。パソコンの画面で株価チャートを見るときは出来高の推移についても確認してもらいたい。

図4.2の○印の所はまさに「歴史的な安値」であり、株価は現在上昇トレンド中で歴史的な安値から5倍以上に上昇して

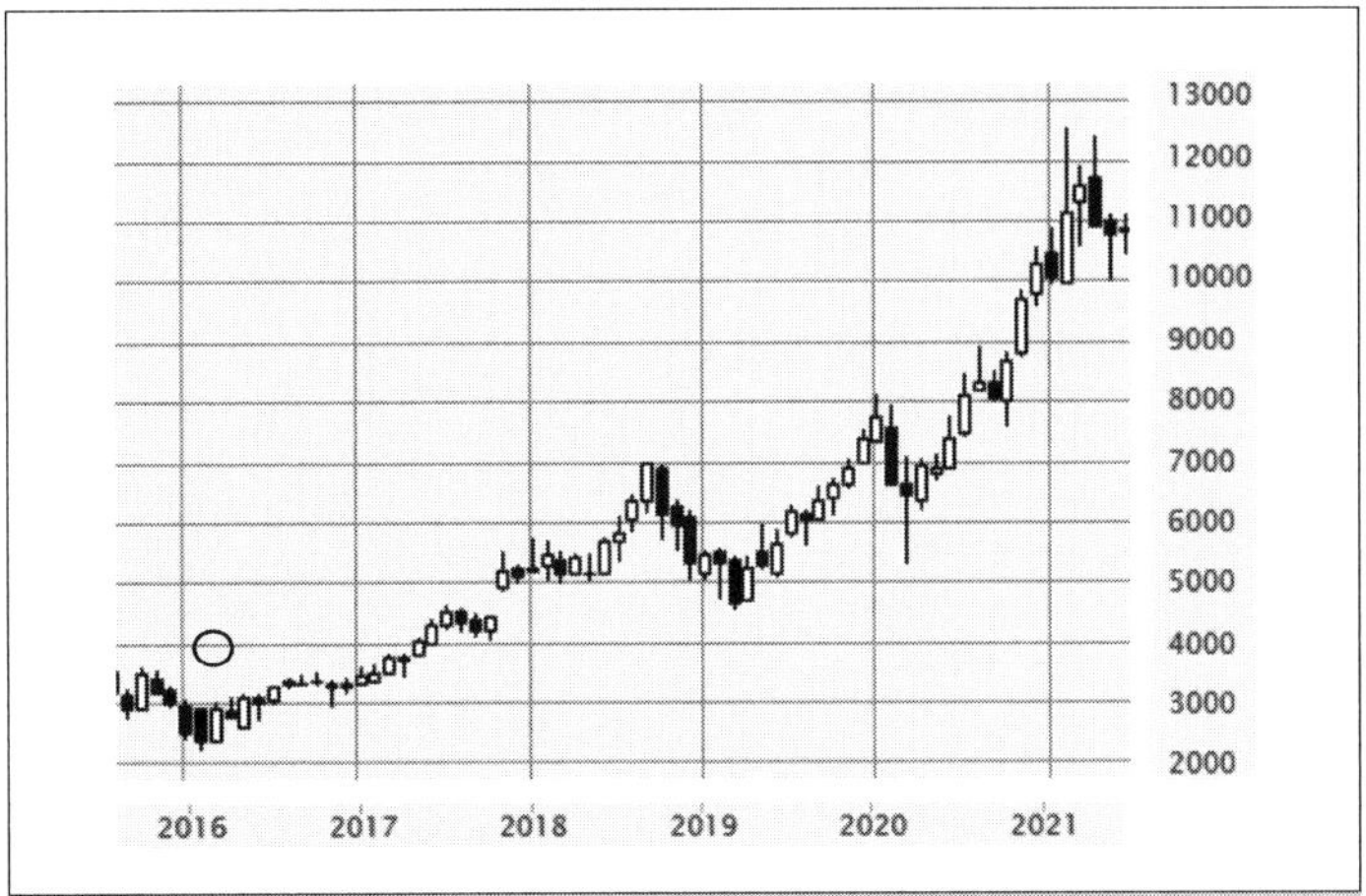

図4.2　S社の株価チャート（月足）

（注）図はマネックス証券（株）のホームページより引用

いる。今後更なる上昇もありそうで、この歴史的な安値での投資は安全確実にたいへん大きな収益が期待できることになる。株価チャートを見ると、上昇トレンドの期間が非常に長いので至る所で投資のチャンスがあるように見える。しかし、上昇トレンドが今後も長く続くかどうかは分からないので、投資をするのであれば○印の所に尽きることになる。また、この例のような壮大な上昇相場に遭遇しても高値圏まで株式を保有できるかとなるとこれはたいへん難しい。普通は大きな反落場面で株式を売却することになりやすい。ある程度利益が出ると売却すると言う考え方をしていると、株価が買値の2倍以上になると2倍にもなったと嬉しくなって、株価が少し押し目を付けたときなどに売却することになりやすく、その後の株価の大きな上昇を見て非常に悔しい思いをすることになる。要するに、底値待機型株式投資のように中長期に株式を保有する前提でないと買値の5倍以上の高値圏まで株式を保有することは到底できないであろう。

以上の例で分かるように、株価が大きく下げ十分な安値のときに投資をすれば安全確実に大きな成果が得られる。しかし、一般には株価が大きく下げた所ではなかなか投資ができないのが人情である。まだまだ大きく下がるのではないかと言う心配や恐怖によって投資に踏み切れない。株価の大きな下落時に投資ができる人は、相当胆力がある人だけであろうと一般的には考えやすい。本書では別の見方をする。下落を続けている株価を観察しながらそろそろ底値近辺だとか、例え下がってもそう大きくはないと判断することができると、この「歴史的な安値」は二度と無い投資のチャンスであると言うことになるであろう。換言すると、下落する株価の底値の見通しを立てることができれば、大幅に下落した株に投資をすることは特別なことではなく、投資のチャンスだと思い、嬉しい気分になるであろう。もちろん、見通しが外れた場合はどう対応するかについても考えておく必要がある。

4.4 底値待機型株式投資の考え方はどのようなものであろうか

前節の例で示したように、個別銘柄への株式投資で確実に収益を上げるためには、「相対的な安値」ではなく「**絶対的な安値**」で投資をすることである。もうお分かりのように、**底値待機型株式投資**は株価が「絶対的な安値」のときに投資をする方法である。「絶対的な安値で投資をするので、株価が大きく上昇するには時間がかかる場合もあるが、年2回の配当を享受しながら株価が大幅に上昇するまで期待を持って待つ」と言う**中長期投資**をする。

以上のような投資方法に対して、株式投資の経験が豊富で短期的な投資を好む投資家からはたいへん保守的とか、消極的な投資態度だと言われそうであるが、株式投資は投資のチャンスをじっくり待って、できるだけ適切なタイミングで投資をすることが最も大切なことである。株式投資で「はらはらどきどき」するのではなく、企業の成長・発展を中長期視点で応援しながら株式投資で「いつもわくわくルンルン気分」でいられるためには、「絶対的な安値」での投資スタイルが最も適切である。

もちろん、絶対的な安値から更に1割程度は株価が下がる場合も考えられる。しかし、業績が改善し良くなってくれば株価の大幅な上昇が見込まれるので、1割程度高めの株価で投資をしていても何も問題はない。株価の2割や3割の上昇で満足するのではなく、2倍以上の十分な上昇しきるまで株式を保有することが大切である。

投資を始めてから2年程度が経過すると、数銘柄の株式を保有しているであろう。その中には株価が大幅に上昇し、大きな含み益がでている銘柄も複数あると思われる。そうすると、配当をもらいながら株価がもっと高くなるまで保有しておこうと悠然と構えられ、株式投資が面白くなってくるであろう。また、次の投資のチャンスになる銘柄は何かとわくわくしながら待ち構えることになる。

4.5 絶対的な安値の株価はどのような株価を言うのであろうか

「絶対的な安値のイメージは分かるが、具体的にはどのような値の株価を言うのであろうか」と疑問に思われるであろう。そこで、「絶対的な安値」の定義を考えてみよう。

図4.3はH社の株価チャート（月足）ある。線①は直近の株価1180円の位置を示す。過去の株価から見ると株価1180円は高値のゾーンにあるので、投資は避けるべきである。線②は直近の底値を表す線である。株価チャートは線より上の方が多くなるので、この株価では投資をしても良い場合があると考えられる。線③は過去3回の底値を結んだもので、この上無い投資のチャンスの株価である。このように過去の株価と比較すると、投資をしても良い株価の見通しがつくであろう。

以上のような考察から「絶対的な安値」の株価を定義する。**過去5年分の株価チャート（月足）において、「ある株価」より下にある株価チャートの期間の割合（これを「ある株価」に対する「安値期間比率」呼ぶ）が25％になる場合、「ある株価」を「絶対的な安値」とし、この株価以下は「絶対的な安値のゾーン」であり、「投資ゾーン」と呼ぶ。**「絶対的な安値」の別の言い方をすると、「過去5年分の株価チャートにおいて、株価が「絶対的な安値」以上である確率は75％になる」と言うことができる。株式投資の初心者は、**投資をするときは投資ゾーンにある株価で投資をする**ことを原則とする。ただし、安値期間比率が25％と言うのは少し厳しめに設定しているので、投資経験が豊富であり、個別銘柄に対するその他の投資条件（後述）を十分満足している場合は、安値期間比率がもう少し大きい値でも問題はない。

「絶対的な安値で投資をすると、5年の内の25%、すなわち15カ月間は絶対的な安値以下に放置される可能性があるのか」と言う疑問を抱く方がいるかも知れない。しかし、その心配はご無用である。株価が十分下落し投資ゾーンにある底値で投資をするので、時間の経過とともに株価の上昇が見込まれ、投資ゾーンから脱出することになる。脱出するのに必要な期間は企業の業績の伸びや株式市場の状況などにより異なるが、中長期視点では大きな成果が期待できるので、この期間について気にする必要はない。

なお、「絶対的な安値」の定義で過去5年分の株価チャートを使用するとしたが、特殊な株価チャートでは5年分では不足する場合があるかも知れない。逆、5年分も必要がない場合もあるであろう。このようなケースでは定義の趣旨を理解して適切に対応してもらいたい。

4.6 絶対的な安値の株価はどのように求めるのであろうか

絶対的な安値の株価を計算で求めることは困難なので、簡便法でおおよその値を推定する。基準値として参考にする株価なので厳密に求める必要はない。

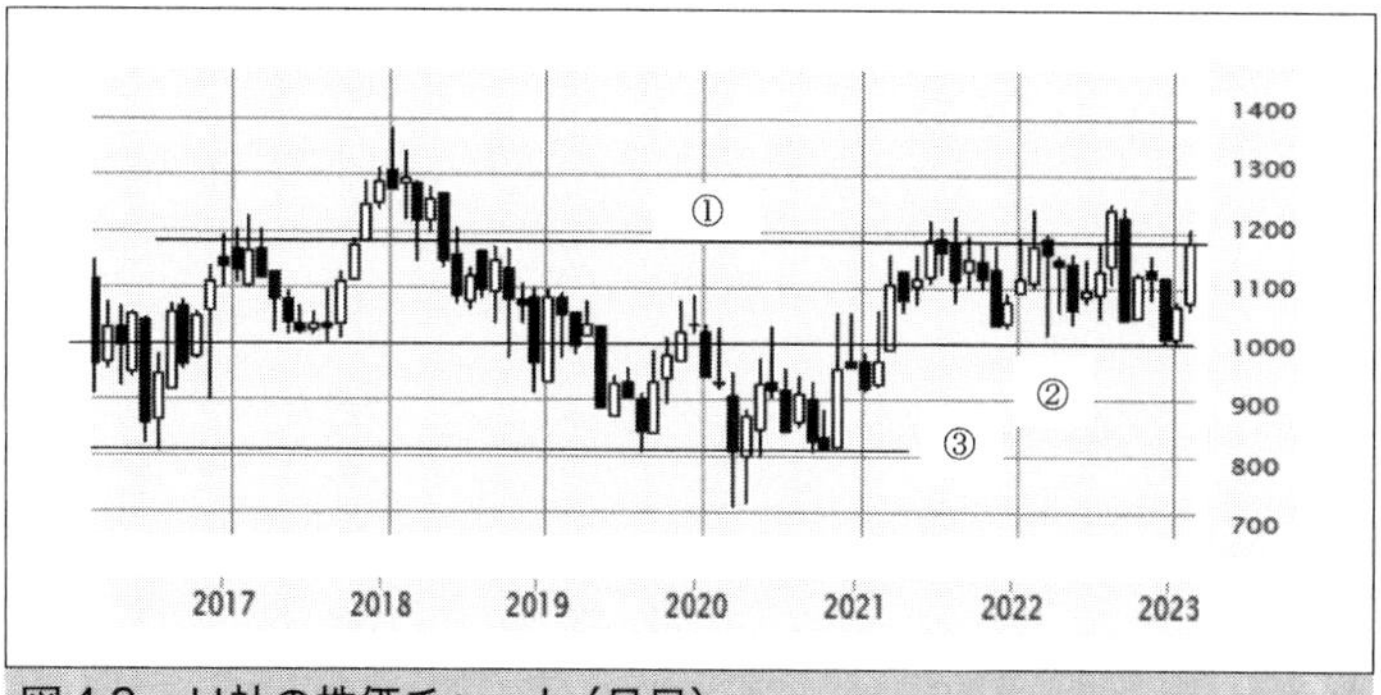

図4.3　H社の株価チャート（月足）

図4.4は過去5年分の終値を表した株価グラフである。グラフを見て目分量で絶対的な安値になりそうな所で図のように線を引き、株価が線より下になっている期間の長さを求める。図で表示しているa、bの長さを測る。株価グラフの全期間の長さをcとすると、安値期間比率は

安値期間比率＝(a＋b)÷c×100　(%)

となる。この値が25%に近ければ、線が示す株価を「絶対的な安値」とする。計算結果が25%より大きく離れているときは、再度やり直す。

図4.4の株価グラフは終値だけである。株価チャートが**ローソク足**の場合はどのようにすれば良いのであろうか。先程と同じように、絶対的な安値と思われる株価で線を引く。線より下にあるローソク足の数をfとし、線と交差するローソク足の数をgとする。線と交差するローソク足は、線より上にあるローソク足と線より下にあるローソク足の両方に含めることによって、簡易的に安値期間比率を計算する。株価チャートが5年分で月足とすると、ローソク足の数は60本となるので、安値期間比率は

安値期間比率＝(f＋g)÷(60＋g)×100　(%)

となる。これが25%に近ければ線が表す株価を「絶対的な安値」とする。

例で具体的に示そう。**図4.5**はH社の5年分の株価チャート(月足)である。**図4.5**の線①は直近の底値を表し、株価は996円である。線より下にあるローソク足の数(f)は12で、線と交差するローソク足の数(g)は16である。したがって、安値期間比率は

安値期間比率＝(12＋16)÷(60＋16)×100＝37%

となる。一方、線②は安値期間比率が25%を狙ったもので、株価は914円である。先程と同様に安値期間比率

を計算すると23％になり、「絶対的な安値の株価」とすることができるであろう。「投資ゾーン」の感覚を身に着けるために読者自身で他の銘柄の株価チャートで計算してみることをお勧めする。

「絶対的な安値」の株価の計算方法を説明したが、「いちいち計算するのは面倒だな！」と思われる方が多いであろう。株式投資は株価が投資ゾーンに下がったときに行うものであることを強調するために説明をしてきた。実際の株式投資の場面では「絶対的な安値」の株価の計算をしなくても、**株価チャートを見て現在の株価が投資ゾーンにあるか否かを判断すれば良い**ので、安心してもらいたい。ただし、株価チャートを見て投資ゾーンがどの辺りかの検討がつかない場合や株式投資の初心者はしばらくの間は「絶対的な安値」の株価の計算をし慣れてもらうことが必要であろう。

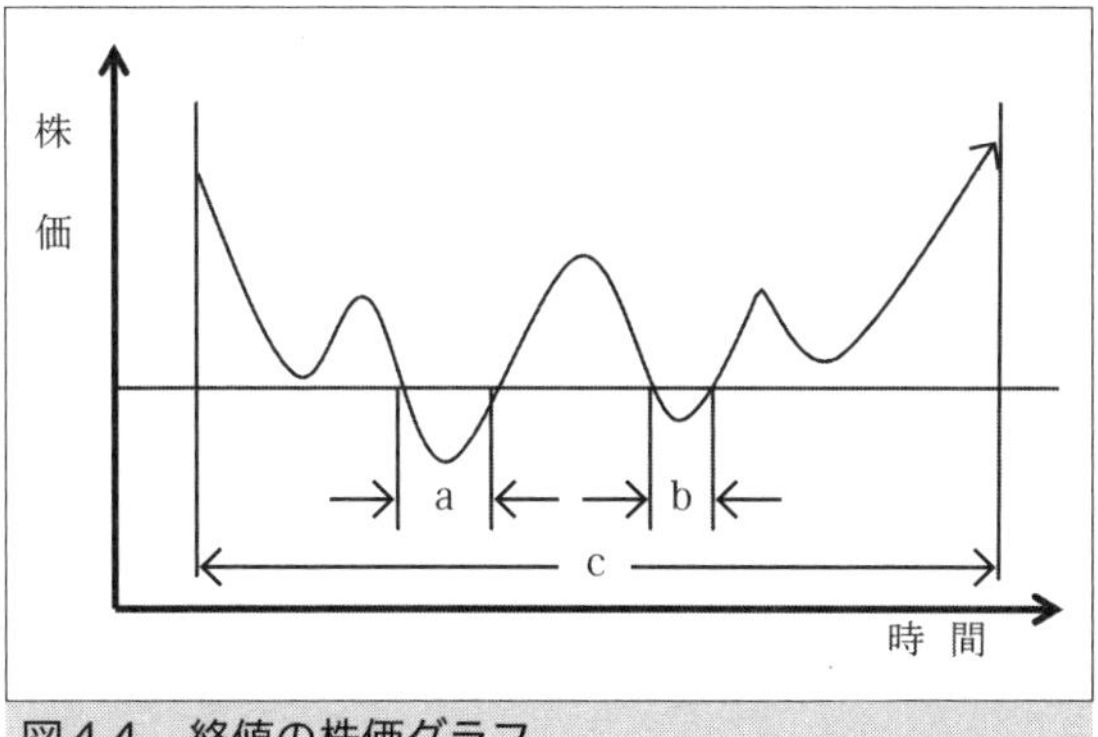

図4.4　終値の株価グラフ

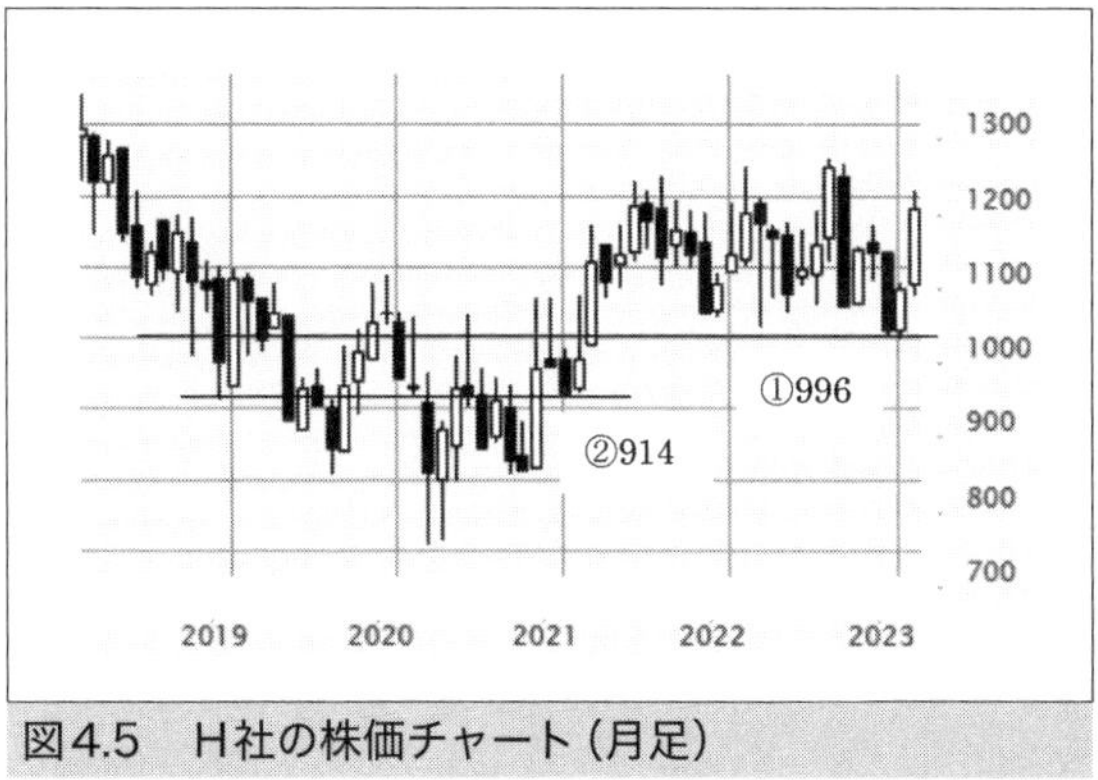

図4.5　H社の株価チャート（月足）

4.7 日経平均株価と個別銘柄の株価はどのような関連があるのであろうか

個別銘柄に投資をするときには当然その株価に注目するが、もう1つ注目すべきことがある。日経平均株価の動向である。日経平均株価は株式市場全体の動きを表す指標なので、個別銘柄への投資をするときには日経平均株価にも目を配る必要がある。

既によく知られているが、個別銘柄の株価は日経平均株価と相関が非常に高い傾向がある。一般に、日経平均株価が大きく下げたときには個別銘柄も大きく下げるのが普通である。これは株式市場全体が弱気相場になっているので、個別銘柄にも売りが多くなるからである。**図4.6**はY社の株価と日経平均株価の比較を表したグラフである。グラフはY社と日経平均の株価を左端の株価に対しの上昇率（%）や下落率（%）で表したもので、左端は0%である。一見あまり相関がなさそうに見えるが、子細に見ると相関が見て取れる。日経平均株価の上昇や下降に連動してY社の株価も動いている。ただし、その動き方の比率が異なるので相関が弱く見えるだけである。6月19日辺り

図4.6　Y社の株価と日経平均株価の比較

以降では日経平均株価は下落トレンド気味であるが、Y社の株価は強力な上昇トレンドを継続している。特に、日経平均株価が上昇したときにはそれよりもはるかに大きく上昇している。その結果、両者の株価の差が広がっている。しかし、図から分かるように特別な上昇力のある銘柄でも日経平均株価が下落したときはやはり下げることになる。このことを認識してもらうためにY社の例を取り上げた。株価の相関を示すだけならもっと適切な銘柄はいくらでもある。

個別銘柄の株価が日経平均株価と相関がなかったり、逆の動きをしたりする場合もあるが、これは少数派である。株価チャートは省略するが、２０２２年12月中旬以降日経平均株価は下げている。一方、U銀行の株価はむしろ上昇し反対の動きをしている。この頃、米国では金利の上昇からニューヨーク・ダウが大きく下落した。この影響を受けて日経平均株価も同じように大きく下げた。しかし、銀行株は金利が上昇すれば収益が良くなると言う見通しから大幅に上昇したのである。このように当然の理由があって日経平均株価と異なる動きをする場合もあるが、日経平均株価と同じような動きをする銘柄が圧倒的に多いのが実情で、個別銘柄の株価の動向を判断するときは、日経平均株価の動向が重要な要素になるのである。

4.8 個別銘柄にどのようなタイミングで投資をするのであろうか

底値待機型株式投資では、個別銘柄の株価が下落を続け、十分長い期間の下落トレンドの最後の底、すなわち株価が十分下がりきり、これ以上は下がらないと考えられる底を**大底**と呼び、株価が大底になったタイミングで投資をすることを狙う。この大底のことを「**ベストボトム**」と呼ぶことにする。

図4.7はA社の２０１９年以前の株価チャート（月足）である。図の①、②、③、④は株価の下落トレンドにおける途中の底であり、底④は投資ゾーンにあるベストボトムである。底①や②は投資ゾーンにないので投資の対象にならない。しかし、底③は投資ゾーンにあるので、ベストボトムと考えて投資をすることになるかも知れない。何かの方法でベストボトムでなさそうだと判断できれば、投資をすることはない。したがって、ベストボトムを見極めることがたいへん重要になる。そのための方法については次節で解説するが、底値待機型株式投資で最も大切なポイントである。投資は投資ゾーンにあるベストボトムで投資をするが、ベストボトムの株価を正確に予測はできないので、ベストボトム近辺で投資ができることを狙うことになる。

図4.7の底③とベストボトムである底④の株価の価格差は５９５円であり、小さくないが、株価はベストボトムの底④から２カ月弱で底③の株価以上に回復しているので、例え投資ゾーンの底③で投資をしたとしても一安心できるであろう。この例は投資ゾーンにある底値での投資が如何に効果的である

図4.7　A社の株価チャート（月足）

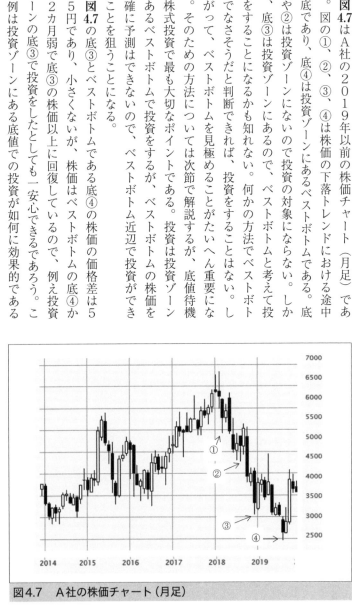

かを示している。

個別銘柄は日経平均株価の動向にも左右されるので、アクティブ型積立投資と同じように、日経平均株価が1割前後以上の大きな下落をしたときが投資のチャンスである。個別銘柄のベストボトムと日経平均株価のベストボトムとは必ずしもタイミングが一致するとは限らないが、日経平均株価のベストボトム近辺で個別銘柄のベストボトムを狙って投資をする。日経平均株価のベストボトム近辺で投資をしないと、日経平均株価が更に下落を続けると、個別銘柄もベストボトムと思っていた株価から更に下げる可能性がある。したがって、日経平均株価のベストボトム近辺で投資をすることが重要になる。

4.9 株価のベストボトムをどのように判断するのであろうか

下落途中の株価が投資ゾーンに近づいてくれば、ベストボトムの見通しを立て、その見通しが「当たらずとも遠からず」であれば適切な投資ができることになる。

それではベストボトムの見通しをどのように立てれば良いのであろうか。個別銘柄のこれから先の底値の正確な株価は誰にも分からないが、参考にできる1つのものは過去の株価チャートである。株価チャートから次に説明する5つの項目を判断しながらベストボトムの見通しを立てる。見通しは自信があれば1つでも良いが、可能性のある複数の見通しを立てておくのが良いであろう。次に各項目の考え方について説明する。

なお、ベストボトムの判断には株価チャート以外にも参考にすべき情報や方法もあるが、ここでは単純に株価チャートに限定する。第6章、第7章、第9章でもベストボトムの判断に参考になる事柄について解説する。

（1）現在の株価の安値期間比率と投資ゾーン

ベストボトムの見通しを立てるタイミングになっていることは、現在の株価は相当下落してきているのであろう。まず、現在の株価の安値期間比率と投資ゾーンを把握する。株価が投資ゾーンまで下落しているか、まもなく投資ゾーンまで下落する見込みと考えるならベストボトムの見通しを立てる。

（2）現在の株価の下落率

現在の株価の下落率を計算してみる。下落率が30％以下であれば株価が今後下落するかどうかを見ておく。ベストボトムとしての株価は、高値からの下落率は40％以上が望ましい。下落率が大きければ大きいほどベストボトムに近づいていることが期待できる。直前の最高値が非常に高い場合は、少なくとも50％以上下落していることが必要であろう。

株価の下落率からベストボトムの見通しを考える。５％単位や10％単位の刻みの下落率で株価を計算し、これらの株価を下落する株価の「節目の株価」として考え、この節目の株価のどこで下げ止まるかを観察する。株価がある節目の株価より下げると、次の節目の株価で下げ止まるのかと追跡していく。例えば、現在の株価が１４７２円で下落率が44％なら、まず下落率50％で株価を計算する。株価が下落する直前の高値は２６２８円なので、下落率50％の場合の株価は

2,628×0.5＝1,314

となる。そこで、株価の下落率が50％である節目の株価として区切りの良い数字にして、１３００円近辺で下げ止まるかどうか確認する。

株価の下落率と直接関係はないが、もう1つ節目の株価を設定する方法がある。例えば、1000円とか、900円とか区切りの良い数字を節目の株価とする方法である。区切りの良い数字の株価で下げ止まりやすいと言う考え方である。現在の株価が十分下げてきて1100円を切ったので、おそらく4桁の1000円のレベルで底値になるのではないかと言うように考えやすい。節目の株価をベストボトムの見通しとして意識する。

なお、株価が悪材料などによって短期間で急落し下落率が大きい場合、短期で急騰するケースもあるので、下落率の大きさによってはチャンスのように見えるが、リスクも小さくないのでしばらくは株価の動きを観察する。

（3）現在の株価の下落期間

現在の株価は高値からどのくらいの期間下落トレンドになっているか。半年程度は下落トレンドが続いていることが望ましい。株価の下落は売りたい人が多いと言うことなので、下落トレンドが長いと売りたい人がだんだん少なくなり、ベストボトムに近づくことが期待できる。したがって、下落期間の長さにも注目することが大切である。

（4）過去の株価の底値

株価が十分下落してきたときの節目の株価を2つ紹介した。節目の株価としてもう1つ重要なものがある。参考になるのが、過去の株価の底値である。意外と思われるかも知れないが、株価チャートの底値が同じような株価であることが多い。4.5節の**図4.3**の線③は3つの底値を結んだもので**支持線**（9.3節参照）と言う。このように株価が支持線で下げ止まることが多いことから過去の株価の底値をベストボトムの見通しに利用しようと言う訳である。そこで、現在の株価から参考にできる底値を決定する。株価がこの底値を下回った場合は、次に参考になる底値を決定する。現在の株価と参考になる底値との差が大きい場合は、前述の節目の株価を参考にする。言うまでもないが、過去の株価の底値を参考にしているのは支持線にならないかと考え、支持線を探索していることになる。

過去の株価の底値は参考値であるが、このような底値を参考にする人が多ければ多いほど、過去の株価の底値で下げ止まる可能性が高まるであろう。株式投資の理論とか法則と言われているものは絶対的に正しいものはないが、投資家によく知られ、活用する投資家が多ければ多いほど、その理論や法則が成り立つケースが多くなる。過去の株価の底値はよく参考にされているのである。

(5) 日経平均株価の動向とそのベストボトム

日経平均株価の動向は個別銘柄の株価の動きに大きな影響を与えるので、日経平均株価の見通しが重要になる。日経平均株価の見通しは市場全体の動きなので、インターネットの株式情報などを参考にしながら自分なりの判断をする。また、日経平均株価はニューヨーク・ダウや為替の動向にも大きく影響を受けるので、注意が必要である。例えば、日経平均株価の下落がしばらく続きそうであると判断するなら、個別株もまだ底値には届いていない可能性が高い。

日経平均株価の過去の下落率の大きさと頻度については3.2節で説明した。日経平均株価のベストボトムの見通しは個別銘柄のベストボトムの見通しと同じように判断する。日経平均株価の下落率が5％を超えてくると、投資のチャンスが近づいているので、投資の対象銘柄の株価の動向にも注目する必要がある。

4.10 株価のベストボトムの見通しをどのように立てるのであろうか

前節でベストボトムの見通しを立てる判断材料とその考え方を説明したが、事例を用いてベストボトムの見通しを具体的にどのように立てるか説明する。なお、株価の実際の動きから株価の底を判断する情報や方法は第7章と第9章でも解説しているので、こちらも参考にしてもらいたい。

(1) I社の事例

図4.8はI社の2023年1月以前の株価チャート（月足）である。株価は①の最高値6100円から**抵抗線**（9.3節参照）と支持線の間で下落を続け、現在の株価2036円まで下げている。この時の下落率は67%で大きな値である。また、下落期間も2年半以上であり、株価は投資ゾーンの最安値に近い所で絶好の投資チャンスである。このような銘柄を発見すると嬉しくなるであろう。参考にできる底値は②の1586円と③の1510円であるが、現在の株価と少し差があるので、下落率70%で計算すると、1830円になる。そこで、ベストボトムの見通しとして1800円とする。

その後の株価チャート（週足）は**図4.9**のとおりである。底④の1849円の株価を付けたとき日経平均株価は高値から8%下落している。その後日経平均株価が更に2%下落したが株価は底④の株価より下げることはなかった。このことから底④の株価はベストボトムの見通しの1800円より少し高いが、底④がベストボトムでないかと予想されるので、この近辺の株価で投資をすれば良いであろう。底④を経過した株価は日経平均株価の上昇と共に穏やかに上昇し、⑤で高値2153円を付けている。しかし、株価は⑤の高値を付けた後は、日経平均株価は横ばいであるが下げに転じ底⑥の１７９０円まで下げた。その後業績が見通しより上振れすると言う良い材料の出現で株価は急騰している。結果的には底⑥の１７９０円は見通しのベストボトムの１８００円とほぼ等しく、まさにベストボトムであった。しかし、底④がベストボトムと判断し、この近辺で投資をしたとしても適切な投資ができたことになる。

　今回の急騰は今後の業績向上と言う良い材料なので底⑥のベストボトム

図4.8　I社の株価チャート（月足）

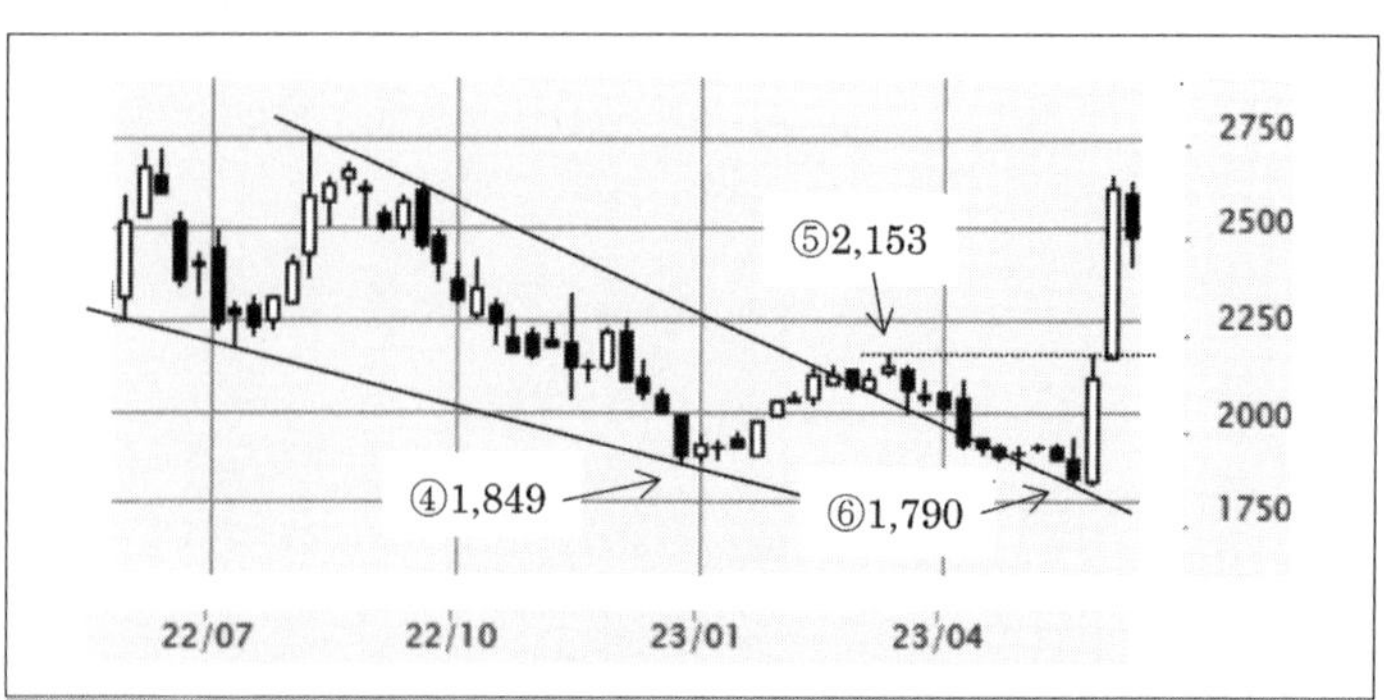

図4.9　I社の株価チャート（週足）

近辺での追加投資をすべきである。この例では株価は底⑥から急騰し（7.2節の**図7.3**の（5）参照）、先回の高値の⑤2153円も越えたので、上昇トレンドになると確信できるであろう。実際にその後株価は上昇トレンドになっている。このケースでは予想したベストボトムでの投資から半年後にまさにベストボトムが到来し、追加投資のチャンスが巡って来た例である。

（2）M社の事例

図4.10はM社の2022年2月以前の株価チャート（月足）である。株価は天井⑥の3745円から急落しており、現在の株価1663円の下落率は56％で投資チャンスが近づいているように見える。株価が高値から急落している場合は少し様子を見るのが望ましいが、ベストボトムを検討してみよう。ベストボトムとして参考にできる株価は底①と②で、それぞれの株価は1182円、1014円である。現在の株価からかなり離れているが、株価の下落期間は短いし、まだまだ下落が続くと思われるので、問題はないであろう。

その後の株価は、**図4.11**の株価チャート（週足）のとおりである。底③、④、⑤を形成したときの日経平均株価の下落率は、それぞれ19・6％、9・4％、10・1％であり、小さくない。特に、底④と底⑤の株価にあまり差がないので、株価が今後大きく下がることはないように思われる。更に、次のことも考慮して底⑤はベストボトムでないかと考えられる。

(a) 底⑤の株価がベストボトムの見通しとした底①の株価に近い。
(b) 底⑤の下落率は68％で十分大きく、投資ゾーンにある。
(c) 底⑤までの下落期間は7カ月で短過ぎることはない。

株価は底⑤を経過すると上昇しており、その後日経平均株価が12％程度の下落があったが、そのとき株価は大きくは下げていないので、底⑤がベストボトムであることが確信できた。

しかしである。その後、企業業績の大きい下方修正の発表で株価は大きく下落し、ベストボトムより下げている。しばらく株価の動向を注視する必要がある。経済の状況によっては業績の下方修正はよくあることである。このような場合どのよう

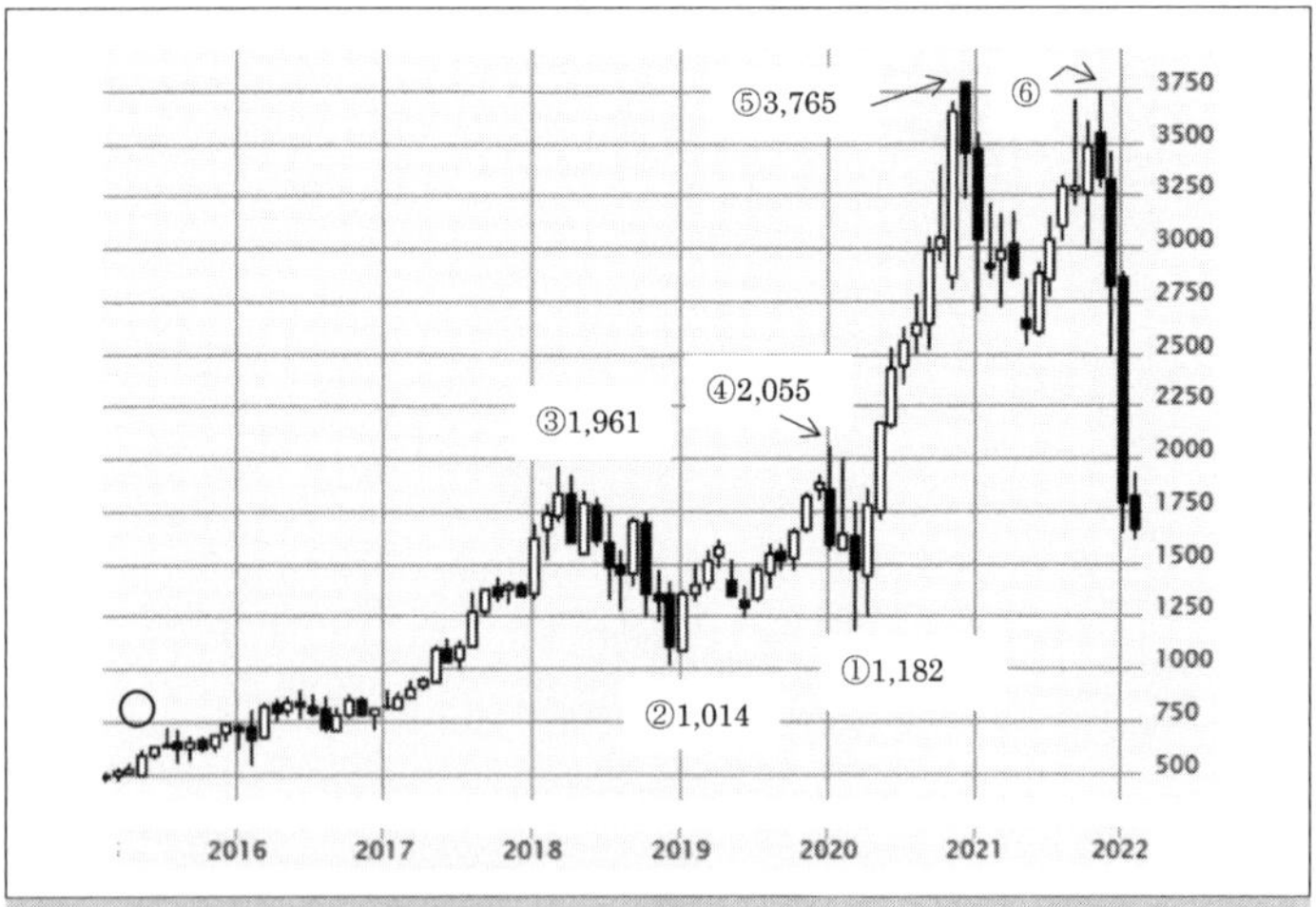

図4.10　M社の株価チャート（月足）

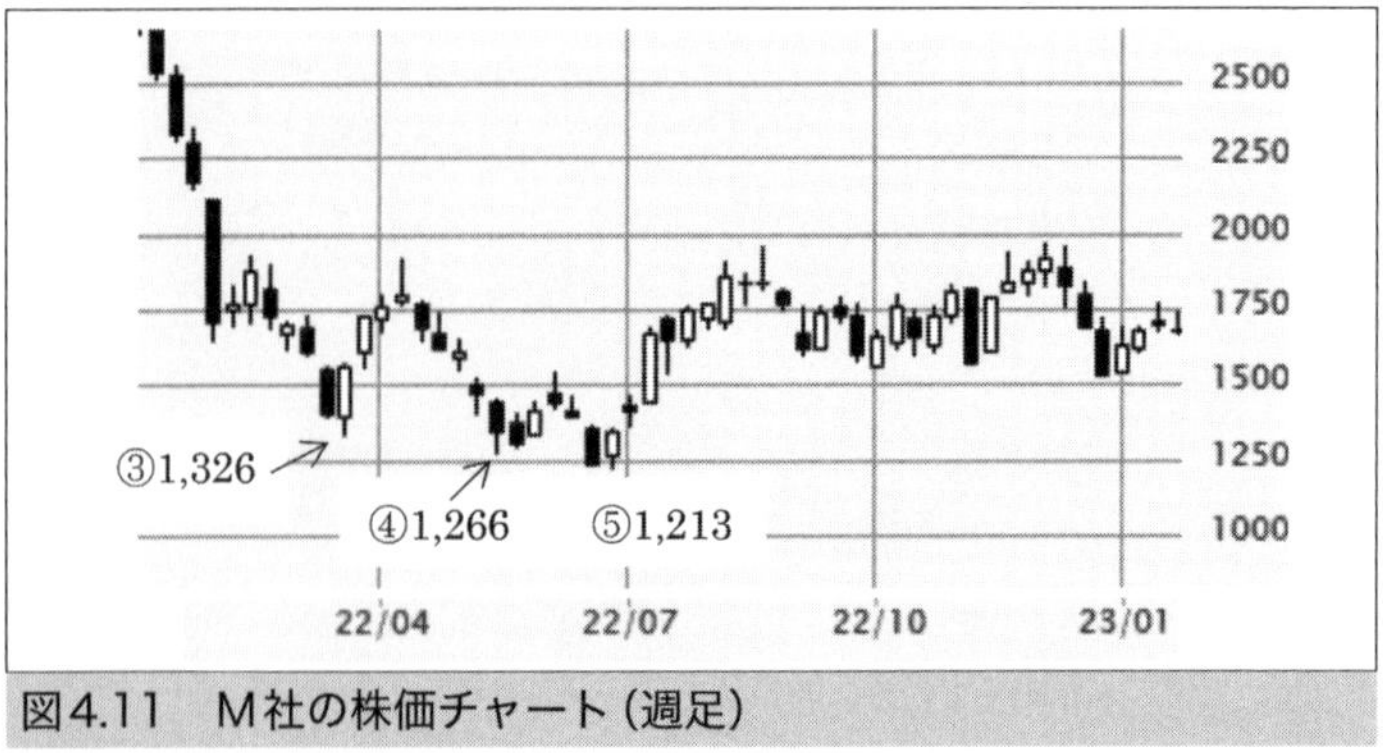

図4.11　M社の株価チャート（週足）

に対応するかは次節以降で解説する。

ベストボトムの見通しを立てる事例は2つしか紹介しなかったので、読者自身でいろいろな銘柄の例を研究してもらいたい。きっと自信がつくであろう。

4.11 ベストボトムでの投資はどのように行うのであろうか

ある銘柄に投資をする場合の基本的なことを最初に述べておこう。**投資をする場合は時期をずらして3回程度に分けて投資をすることが大前提である。**ある銘柄への投資金額が100万円なら、1回の投資金額は30～40万円と言うことになる。ここで取り上げているベストボトムでの投資が第1回目である。第2回目以降の投資については次節で述べる。

それでは第1回目のベストボトムでの投資について考えよう。日経平均株価が5％以上下落してくると投資のチャンスが近づいているので、株価の動向を注意深く観察する。日経平均株価が更に下落を続け、個別銘柄の株価が立案したベストボトムの見通しに近づいてきたとする。日経平均株価がベストボトム近辺だと判断したら、個別銘柄のベストボトムと思われる所で投資をする。

逆に、個別銘柄の動きからベストボトムになったので投資をする場合は、日経平均株価がベストボトム近辺であると思われる場合に限る。もちろん、両者の株価がベストボトムになるタイミングは一致するとは限らないので、日経平均株価がベストボトム近辺であることを条件にして投資をする。

株価の底に関してのよく知られたことは第7章と第9章で解説しているので、参考にしてもらいたい。しかし、当然ながらベストボトムは見極められない。ベストボトムかどうかは時間が経過しないと分からないので、ベストボトムと思われる所（ベストボトム近辺）で投資をするが、一括投資ではなく、2～3回に分けて投資（分散投資）をし、購入平均株価をできるだけ安くする。

図4.12はベストボトムでの株の買い方の例を示している。①はベストボトムと思って買いを入れる（打診買い）。②は株価が少し下がったので、今度こそベストボトムだと考えての買いである（ベストボトム買い）。③は株価が少し上昇し、ベストボトムを確認したので追加の買いをする（ベストボトム確認買い）。この方法はベストボトムを事前に予想しての投資である（**予想買い**）。

ベストボトムは過ぎ去ってから分かるものである。したがって、**図4.12**の③で最初の投資をし、その後の株価の動きを見ながら追加投資をする方法（**確認買い**）もある。後者の「確認買い」は前者の「予想買い」と比較すると、ベストボトムを確認してから投資をするので一見良さそうに見えるであろう。しかし、ベストボトム近辺で株価が少し大き目の下降や上昇をする場合も多く、一概に良い方法であるとは言えない。ただ、ベストボトムを確認してからの投資なので安心感はある。したがって、株式投資の初心者はベストボトムを確認してから投資を開始すると良いであろう。

ベストボトム近辺での投資と言っても必ずしも適切に投資ができるとは限らな

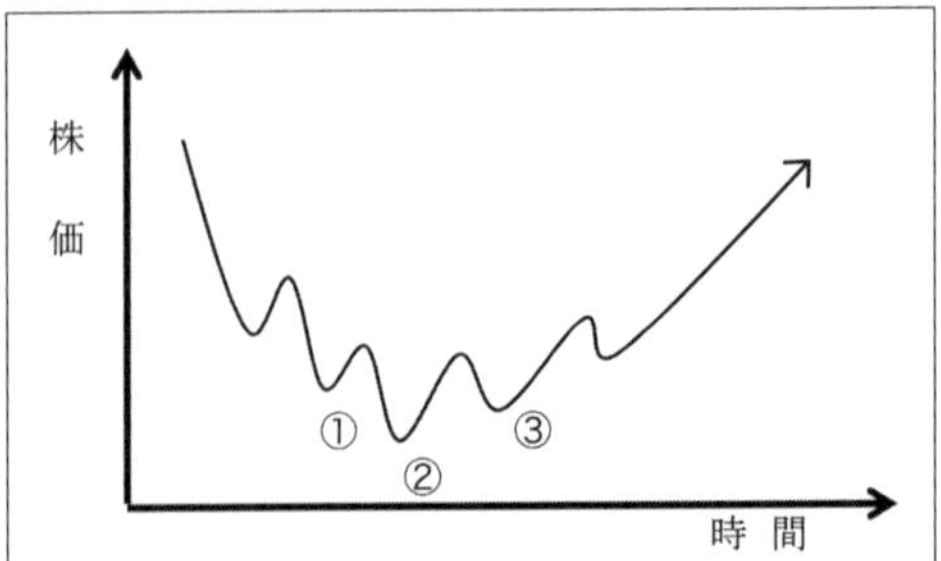

図4.12　ベストボトムでの買い方

いが、購入平均株価とベストボトムとの差が少しあっても気にする必要はない。株式を中長期に保有し、株価が大きく上昇することを期待しているので、取得時の株価が少し高いことなど何も問題ではない。

株価がベストボトム近辺に届かず底入れする場合の対応

これまでの議論は株価が見通しを立てたベストボトムに近づいてきたことを前提にしている。株価が見通しのベストボトムより少し高い株価で底入れしそうな場合はどのように対応すべきであろうか。ベストボトムの見通しを立てるとき現在の株価との差があまり大きくない範囲で見通しを立てているので、**底入れしそうな株価がベストボトムと考えて良いかどうかを判断する**ことになる。ベストボトムと考えて良い場合は、日経平均株価も考慮して投資をする。株価が当初の見通しのベストボトムに近づくまで待つ場合は今後も株価の動向に注意する。

4.12 株価が購入平均株価より大きく下がった場合はどのように対応するのであろうか

投資は3回程度に分割して行うと既に説明した。第2回目以降の投資は購入平均株価より株価が大き目に下がったときの対応として考えている。

第1回目の投資後、株価が購入平均株価より大き目に下がるのは下記のようなケースがあると思われる。

（1）ベストボトムの見通しを誤り、株価が底を付けたが再度下落が始まり見通しのベストボトムより大き目に下落している。

（2）ベストボトムでの投資後、市場の不調が続き日経平均株価が更に大きく続落して、個別銘柄も大き目に下がっている。

（3）ベストボトムでの投資後、株価が問題なく推移しているときに、個別銘柄の業績の下方修正などの悪材料のニュースによって株価が大きく下げている。このニュースと日経平均株価の下落が重なると、株価は購入平均株価からより大きな下げになるであろう。参考までに付言しておくと、現在は四半期ごとに決算が発表されているが、決算発表の直前で投資をすることは一般に避けた方が安全である。

以上のような購入平均株価から大き目の株価の下落が発生すれば、その対応として2回目の投資、場合によっては3回目の投資を行った方が良い場合があるので、投資は3回程度を予定しておくのである。

それでは株価が購入平均株価より大き目に下がった場合はどのように対応すれば良いのであろうか。株価が1～2割急落する場合もあるが、急いで対応を考えるのではなく、株価の落ち着き所を慎重に見極めることが肝心である。現在の株価から大きく下がることはなさそうだ判断できれば、現在の株価が購入平均株価より何％下落しているかを求める。その下落率が10％程度以内であれば特に何もしなくても良いであろう。その差が10％超える場合は次の対応をする。

株価が大き目に下がったので、購入平均株価が「投資ゾーン」にあるかどうかを確認する。投資ゾーンにある場合は特に対応をする必要はないであろう。少し高めの株価で投資をしただけであり、含み益が出るまでの時間が多少長くなるに過ぎないと考えれば良い。

購入平均株価が投資ゾーンにない場合は少ないと思われるが、この場合は購入平均株価と現在の株価の差がかなり大きいと考えられるので、追加投資をして購入平均株価を下げ、購入平均株価が投資ゾーンに入るようにする。

以上が追加の投資をするか否かの基本原則である。しかし、現在の株価が購入平均株価より15％程度以上下落している場合は、２回目もしくは3回目の追加投資をするのは効果的である。慎重に「新たなベストボトム」の見通しを立てて投資をする。日経平均株価が10％程度の大き目に下げていると安心できるであろう。特に、業績の下方修正などで大きく下げた場合は、日経平均株価が下げているとは限らない。この場合は、新たなベストボトムを十分時間をかけて見極めることが大切である。日経平均株価が3～5％程度下げたときに、新たなベストボトム近辺で追加投資ができれば非常に好ましい。追加投資は日経平均株価の下げのタイミングにできるだけ合わせて行えるようにチャンスを待つ。投資のチャンスを待っている間に株価が上昇すれば追加投資が不要になる場合もあろう。

株価が大きく下落したときの対応事例

簡単な例を示しておこう。ある銘柄Pを１００株ずつ3回の分散投資をした。その購入平均株価は１０００円である。銘柄Pの株価がベストボトムと思っていた値より大き目に下がり、７００円前後になってきた。これが「真のベストボトム」のようなので、今回も3回に分けて５００株購入し、これらの購入平均株価は７００円になった。銘柄Pの購入株数の合計は８００株で、その購入平均株価は８１３円になる。現在の株価を７００円とすると、購入平均株価は現在の株価より１１３円高く、率にすると16・１％高くなっている。また、現在の株価は購入平均株価より13・９％下落しているとも言える。これらの値は大きいように思われるかも知れないが、株価が十分下がっていることから今後株価は時間をかけて大きく上昇するので、購入平均株価は少し高めであるが何も心配する必要はない。

2回目以降の投資は株価が下ったときの対応としての投資であった。株価があまり下がらなかった場合は1回の投資になる。1回の投資では個別銘柄への投資金額が少ないと思われるので、もう1回投資をした方が良いであろう。第1回目の投資以降、日経平均株価が大き目の下落があっても株価がベストボトム近辺よりあまり下げることなく推移し、徐々に上昇傾向がみられる場合は、ベストボトムの株価に対して5%程度までの高値の株価で第2回目の投資をし、保有する株数を増やしておく。第3回目の投資は今後の株価が購入平均株価より大きく下がらなければ投資をする必要はないであろう。しかし、株価が下落し投資のチャンスが巡ってくれば、投資をするかどうか検討をすれば良い。

投資をした後、株価が下落したので追加投資をして購入平均株価を下げることを**ナンピン買い**と言う。ナンピン買いは避けた方が良いと言われる場合が多い。株価が非常に高い場合はナンピン買いをして購入平均株価を下げても、株価が更に大きく下がるケースがあるからである。これでは「下手なナンピン、スカンピン」とよく称されることになってしまう。このように株価が購入平均株価より大きく下がったとき、

（1）その後も株価が下落を続ける可能性がある場合

（2）株価が購入平均株価以上に戻る期間が長期になりそうな場合（**塩漬け**）

は、ナンピン買いでなく**損切り**が良いと言う考え方である。損切りも適切な対応が必要であるが、本書では損切りを勧めないので説明を省略する。

底値待機型株式投資では株価が非常に安くなってからの投資なので、株価が見通しのベストボトムから下落したとしてもその大きさは限られたものになる。株価の下落が少し大き目のときだけ、追加投資をすることによって購入平均株価を下げるのは有効な方法である。また、購入株数が増えるので将来の成果をより大きくできるこ

とになる。この方法はナンピン買いと言うより、**買い下がり**とでも言った方が良いであろう。

株式投資で大事なことは**目一杯の投資をするのではなく、常に手元に投資資金を確保しておく**ことである。前述のような買い下がりをした方が良い場合だけでなく、株価が投資したベストボトムに再度近づいてくる場合も追加投資のチャンスである。また、日経平均株価が思いがけなく暴落し、その結果普段買えない超優良銘柄の大バーゲン・セールのような状況になることもあり、このような二度と無い投資のチャンスにも対応できる。なお、日経平均株価が暴落したときの対応については10.3節で解説する。

4.13 投資候補の銘柄をどのように探索するのであろうか

適切なタイミングで投資をするので、投資の成果の大きさを決めるのは銘柄の選択と売却の仕方である。売却の仕方は後の節で説明するので、銘柄の選択について考えてみよう。

一般にどの銘柄でも投資の適切なタイミングは非常に少ないので、ある銘柄にほれ込んでこの銘柄に投資したいと思っても、投資の適切なタイミングは当分来ないであろう。焦って早めに投資をし、高値での株取得になりかねない。株式投資の雑誌などで推薦されている銘柄に投資をしたいとすると、以上のようなことになる場合がほとんどであろう。

投資の適切なタイミングに巡り合えるようにするには、株価が下落している銘柄を研究することである。下落期間が長く、下落率が十分であると、投資のチャンスに近づいていることになる。

それではどのようにして投資候補の銘柄を調査すれば良いだろうか。インターネットの株式投資のホームページでは毎日**年初来安値**（毎年3月までは昨年来の安値を言う）をつけた銘柄が掲載されているので、これらの銘柄をチェックし、投資候補になるかどうかを判断する。投資の候補になる銘柄は**投資候補銘柄リスト**に追加する。年初来安値の銘柄を毎日チェックするのはたいへんなので、時間があるときに行えば良い。多くの銘柄に投資したい人は別にして、投資の候補銘柄数は10～20もあれば十分なので、良い銘柄があれば投資候補銘柄リストで銘柄の入れ替えをして、できるだけ良い銘柄の投資候補銘柄リストをつくる。

1週間に1度程度は投資の候補銘柄の株価チャートをチェックし、投資のタイミングが近づいているかどうか判断する。投資のタイミングが近づいている銘柄は再度投資が適切かどうかを判断したうえで**投資対象銘柄リスト**に追加し、投資のタイミングを注意深く窺うことになる。

投資候補銘柄や投資対象銘柄が増加してくると、各銘柄の株価チャートを見るのは面倒だと思う人もあるであろう。例えば、松井証券（株）のホームページでは10銘柄同時に株価チャートを表示してくれるので、毎日チェックしても簡単である。一般的には、投資候補銘柄は多めに上げておき、投資対象銘柄にするかどうかは厳しめの判断をするのが良いと思われる。

なお、投資の候補銘柄の探索の方法については10.2節で再度取り上げ、年初来安値で候補を絞るより効率的な方法も紹介しているので、こちらもぜひ参照してもらいたい。

4.14 投資候補の銘柄で確認すべきことはどのようなことであろうか

投資候補の銘柄についてチェックすべき項目はいくつかあるが、詳しくは第6章で説明する。ここでは最も注

意すべきことだけに限定する。まず、株価が下がっている理由が何であるか調べることである。例えば、

（1）株価が「歴史的な高値」を付けた後、売り圧力で下落をしている。

（2）今期の業績見通しを大きく下方修正したので、株価が高値から下落をしている。

（3）業績に影響する悪い情報で株価が高値から下落をしている。

（4）「良い材料出尽くし」でかなりの高値から株価が下落を始め、その後も続落している。

などいろいろなケースがある。下落理由が分からない場合も多いかも知れないが、取り敢えず調べて見る。理由によっては中長期投資に向かないケースがあるので、望ましくない銘柄を避けるために必要である。

業績見通しの下方修正で株価が下がっている場合でも、前期より増益見通しであれば、株価が大底（ベストボトム）を経過すると上昇が見込まれるので、投資の候補銘柄になる。（株）東洋経済新報社の「会社四季報」には、今後2期分の業績予想が掲載されているので、ぜひ参考にしてもらいたい。もちろん、業績予想どおりになるとは限らないことにも注意が必要である。今後2期分の業績予想の伸びが大幅でなくても伸びていく見通しなら投資対象の候補である。逆に言うと、業績がだんだん悪くなっていく予想なら、当面の投資候補ではなく、調査継続の銘柄で業績の回復が見込まれるタイミングを注視しておくと良いだろう。

投資候補の銘柄の選択にもう1つ重要なことがある。**株価が例えば3000円以下の安い銘柄を投資候補にすることである。**株式投資の経験が浅いときは、1回の投資金額は少ない方が安心して投資ができるであろう。株価が1000円の銘柄なら100株単位で5回の分散投資に必要な金額は50万円で済む。このように分散投資がしやすく、また限られた投資資金でも複数銘柄への投資が可能になるので、株価が安い銘柄はメリットが多い。投資資金に少し余裕があれば、10～20銘柄への投資が可能になり、底値待機型株式投資を続けていけばその内「自

分の投資ファンド」ができ、自分は投資ファンドの「ファンド・マネジャー」と言うことになる。期間の経過とともに大き目の含み益が出てくる銘柄がどんどん増えるであろうし、年2回の配当金も多くなり、楽しく株式投資が続けられることになる。

ただし、株価が安ければ安いほど良いと言うものではない。株価は企業の稼ぐ力も表しているので、投資経験が浅いときには株価が700円程度以上の銘柄をお勧めする。

4.15 投資銘柄の保有期間はどのように考えるのであろうか

底値待機型株式投資では株式を中長期に保有し、十分な値上がりを待ってから売却を考えるが、銘柄の種類によって保有期間の考え方を明確にしておくと良いだろう。次の分類はその一例なので、自分なりの考え方で銘柄の分類をすれば良い。長期に保有し相当な高値を狙う銘柄、中期で保有し高値になれば売却する銘柄の2種類くらいには分けておいた方が良いであろう。企業の状況も期間が経つと変わってくるので、決算や中間決算が発表されたときに銘柄の分類が妥当かどうか見直す。

(1) 高配当の銘柄

例えば配当利回りが4%以上の銘柄は、保有しているだけで安定的な収益が得られるので、長期に保有し、歴史的な高値を狙うのも1つの案である。

(2) 成長型の銘柄

企業規模が中小型の銘柄で大きく成長が期待できる銘柄は長期に保有し、買値の2~3倍以上の高値を目指す。

(3) 技術力・開発力のある銘柄

このような企業は業績の伸びが期待できるので、長く保有する。

(4) ニッチの分野で断トツの市場占拠率を持つ銘柄

安定的な業績を確保できるとともに、市場の拡大や新製品の発売などにより業績が大きく伸びる可能性があるので、長期に保有する。

(5) 株主優待狙いの銘柄

株主優待が必要になって投資をした場合は、投資ゾーンでない株価で株式を取得した可能性がある。投資ゾーンの安値の株価で追加投資をして、購入平均株価を下げておく。長期に保有する株数を決めておき、高値になれば残りの株数を売却すれば良い。

(6) 応援したい銘柄

自分や家族が勤めている会社とか、身近な会社で応援したいと言う理由で保有している株式は、銘柄優先の投資なのでこのケースも投資ゾーンでない株価で投資した場合が多いであろう。この銘柄の株式は長期に保有したいので、投資ゾーンの安値の株価で追加投資を継続し、株数を増やすことを考えた投資をする。

（7）一般的な銘柄

株価は景気のサイクルで上下を繰り返す場合が多いので、特別な種類の銘柄以外は株式の保有期間と言うより、株価が大きく上昇してきたら、例えば5割以上上昇すると現在の上昇トレンドの中で売却すべきかどうかを判断する。

4.16 株式の売却はどのように行うのであろうか

株式投資は購入より、売却の方が難しい。特に株価が非常に高い天井圏では株価の変動が激しいので、ちょっとした判断ミスで大きな含み益を失うことにもなりかねない。少し脅し気味の話からスタートしたが、株式投資では売却の仕方によって利益を大きく左右するので、「いつ、どれだけの株数を売却すれば良いか」と緊張感を持って常に迷うことになる。株価の天井は誰にも分からないので、売却のタイミングを分散して、できるだけ高値での売却になるようにすることに尽きる。一番高い天井で一括売却できれば最高であるが、しかしこれは不可能なので高値での分散売却と言う方法になる。更に言うなら、上手に売却しようと言う意識が強いとどうしてもストレスが強くなるので、高値で売却しある程度の利益が出れば十分と気軽に考えて対応するのが良いであろう。

底値待機型株式投資では中長期投資を前提にしているので、十分な値上がりを待ってから売却を考えることになる。したがって、投資の頻度と同じように売却の頻度も多くない。それでは株式の売却はどのように考えたら良いのであろうか。

　底値待機型株式投資では株価が投資ゾーンにあるベストボトムで投資をする。そこで、売却についても株価の「**売却ゾーン**」を定義し、売却ゾーンの高値で株式を売却することを目標とする。**図4.13**は株価グラフに投資ゾーンと売却ゾーンを示したものである。底値待機型株式投資の株式の売買のイメージが良く理解できるであろう。

　安値期間比率の反対の言葉である**高値期間比率**を定義する。**過去5年分の株価チャート（月足）において、「ある株価」より上にある株価チャートの期間の割合（これを「ある株価」に対する「高値期間比率」呼ぶ）が25%になる場合、「ある株価」を「絶対的な高値」とし、この株価以上は「絶対的な高値のゾーン」であり、「売却ゾーン」と呼ぶ。**

　ある株価の高値期間比率の計算方法は次式のとおりである。

高値期間比率＝(h＋g)÷(60＋g)×100　(%)

ここで、hは「ある株価」より上にあるローソク足の数、gはローソク足が示す株価の範囲に「ある株価」を含むローソク足の数とする。高値期間比率も安値期間比率と同じように計算しなくてもイメージでおおよその所が分かれば十分である。ある株価の高値期間比率と安値期間比率は次式のような関係が成り立つ。

高値期間比率＝100－安値期間比率　(%)

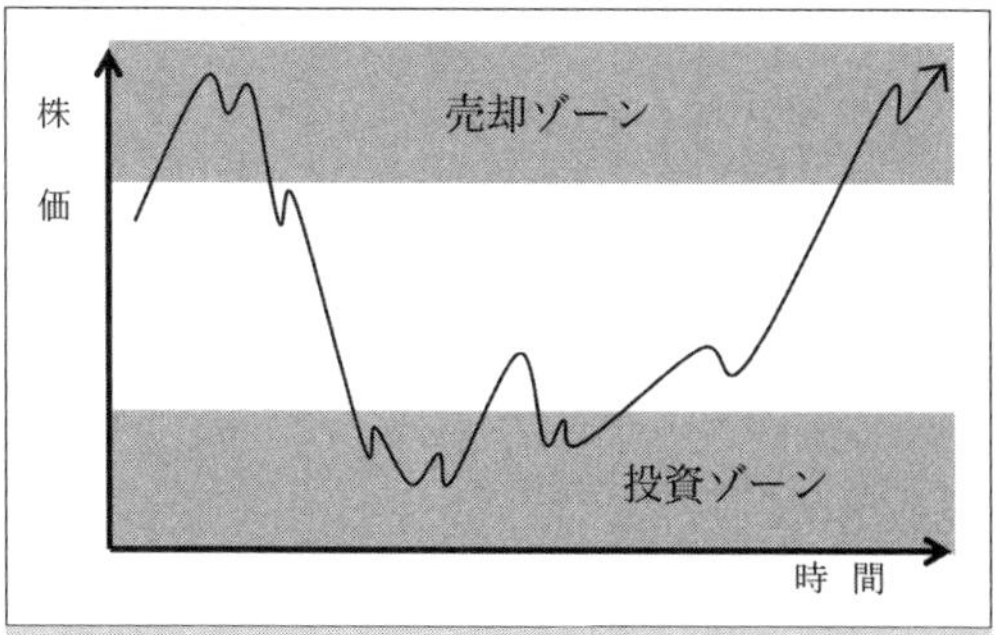

図4.13　投資ゾーンと売却ゾーン

売却ゾーンを定義したので、株式を売却する基準を考えてみよう。前節で説明したように売却基準を2つで考える。

（1） 売却基準A

前節の（1）から（6）の銘柄は長期に保有し、その銘柄の歴史的高値を目指すのも1案である。そうは言っても適度な高値で売却し、利益を確保したいのも人情である。売却する場合は高値期間比率が10％以下になる売却ゾーンの高値で売却したいものである。株価の上昇率で言うなら、買値の2倍以上の高値での売却が望まれる。

以上の説明は売却の目安である。底値待機型株式投資は株式を中長期に保有することを前提にしているので、株価がかなりの高値に上昇してきたときでも売却の検討と言うより、更に継続して保有すべきかどうかを検討すると考えてもらいたい。

（2） 売却基準B

前節の（7）の銘柄は適度に上昇してくると売却し、利益の確保と投資資金の積み増しをするのが良いであろう。高値期間比率が25％以下、可能なら20％以下になる売却ゾーンの高値で売却をする。株価の上昇率で言うなら、買値の5割高が1つの目安であり、これ以上で売却することが望ましい。ただし、株価が購入平均株価よりかなり低い大底から上昇をしてきたケースでは、大底からの上昇率が50％を超えてきたタイミングで売却をするかどうかを検討する。

以上の説明は売却の目安であり、売却基準Aと同じように株価がかなりの高値に上昇してきたときは株式を継続して保有した方が良いかどうかと言う観点で判断する。

株価が長い上昇トレンドに乗って十分高くなってくると、売却基準に従って売却を考える銘柄も出てくるであろう。現在の上昇トレンドの最も高い天井（**大天井**と呼ぶ）圏で株式を売却するためには、大天井の見通しを立てる必要がある。大天井の見通しを持つことによって、自信を持って株式の売却に臨むことができるであろう。しかし、大天井の見通しの精度は高いとは限らないので、株価の動向に柔軟に対応することも大切である。ベストボトムの見通しの立て方を詳しく説明したので、大天井の見通しの立て方については想像できる読者も多いかも知れない。具体的には次節からの2節で解説する。本節では具体的な事例で株式の売却の仕方について説明をする。

M社の株式の売却の事例

4.10節のM社の長期の株価チャート（月足）である**図4.10**をもう一度見てもらいたい。株価は壮大な上昇相場を示している。幸運にも〇印の所（買値６００円）で投資ができたとする。さて、読者の皆さんはどこで売却ができたであろうか。

株価は③の天井までは価格的には大きな下落はなかったように見えるが、下落率で見ると大き目の下落があり、ある程度利益が出れば売却すると言う方針では、天井③まで株式を保有できないケースが多いと思われる。株式を中長期に保有することを前提にしているのは早めの売却をせず、大きな成果を確保するためである。したがって、底値待機型株式投資をしている方は天井③までは株式を保有できた方が多いであろう。③と④の天井から底値への下落率はそれぞれ48%、42%で非常に大きい。この下落に耐えて株式を保有し続けることはなかなか難しいであろう。株価が反転し上昇すると言うかなりの自信がないと含み益の減少に耐えられず、売却することになる。

この例では新高値に挑戦を続けている期間が長く、過去の株価で参考にできるものはない。一般に、「特に高い天井を形成する株価の長期間の上昇は、2回程度は大きい反落があり、その後株価は大きく上昇し最後の大天井になる」と言う説が利用できる（8.1節参照）。この例のように天井③、④、⑤と形成をした後、大天井⑤以降は下落トレンドになる場合が多いと言う説である。この説を信用するとしても、天井③では購入株価の3倍以上になっているので、取り敢えず保有株数の2～3割を売却し、利益を確保しておくべきであろう。一部でも利益を確保しておくと、③の天井からの大きな下落に対しても心配ばかりすることはない。日経平均株価の動向を調べて見ると、株価が③の天井から下落の途中で日経平均株価も大きく下げており、②の底が深いのもこのせいである。日経平均株価の下げが止まると、M社の株価は②の底値から上昇するので、**2波**の上昇だと思い、安心できるであろう。天井④の株価が天井③の株価との差が１００円弱で、２波の上昇に勢いがないと感じるが、この時も日経平均株価の下げに誘導されたようで、④の天井が低かったのもこのせいである。日経平均株価が下げており、３波の上昇があることを信じなければ残りの株数全部を売却することになるであろう。**3波**の上昇があることを信じても少し多めの株数（例えば、残りの株数の6割）を売却しておいた方が安心できる。その後、日経平均株価の上昇とともに①の底から急騰しており、天井④近辺で株式を全部売却した場合は、たいへん悔しい思いをすることになる。もし天井⑤の近辺で残りの株式が売却できれば購入株価の6倍の株価であり、M社への投資は大成功であった。「株式の売却の難しさ」と「大きく上昇した株式の売却には緊張感を伴う」ことを知った投資でもあったであろう。

参考までに説明しておくと、大天井⑤と⑥は**ダブル・トップ型**（8.1節参照）を形成したので、株価は急落している。この時日経平均株価は横ばいである。また、①の底値が②の底値を下回った場合は、これもダブル・トップ型の天井になり下落を続け、⑤と⑥の大天井は出現しなかったかも知れない。この場合は、天井④の近辺ですべての株式を売却した方が正解であったと言うことになる。

この事例の結論として、大きな上昇相場では1波、2波、3波があることを信じて、3つの天井付近で売却できれば十分であったと思う。このような強い上昇相場でも日経平均株価に大きく影響を受けるので、株式の購入だけでなく、株式の売却に関しても日経平均株価の動向に細心の注意が必要である。また、1つの天井近辺での売却も分散売却すべきかどうかも考える。2つの天井③と④における売却株数は状況に応じて判断する。

4.17 株価の天井や大天井はどのように判断するのであろうか

底値待機型株式投資では株価が大幅に上昇するまで株式を保有する中長期投資を原則としているので、売却の頻度は多くない。売却基準AやBを満足しそうになってくると、株価の天井や大天井の見通しを立て、売却をするかどうかの判断をすることになる。天井や大天井の見通しの判断材料とその考え方について解説する。ここでは、株価チャートを中心に解説しているが、その他にも参考すべき情報や方法がある。これらについては第6章、第8章、第9章で説明する。

（1）現在の株価の高値期間比率と売却ゾーン

まず現在の株価の高値期間比率が25％以下で、株価が売却ゾーンにあるかどうか確認する。高値期間比率が25％以上でまだ売却ゾーンに届いていないのであれば、もう少し株価の動向を確認する。

（2）現在の株価の上昇率

購入平均株価からの株価の上昇率を計算する。50％前後上昇していることを売却の基準にしているので、まず注目すべきである。また、現在上昇中の株価の大底からの上昇率も計算する。株価の上昇率で「節目の株価」を計算するときは購入平均株価ではなく大底の株価に対して計算する。この上昇率が高ければ高いほど大天井に近づいていることになる。もしこの上昇率が50％を超えてくると、区切りの良い数字の上昇率で株価を計算し、天井の「節目の株価」として考える。また、区切りの良い数字を「節目の株価」と考えて、天井の見通しに使用する。

（3）現在の株価の上昇期間

現在の株価の上昇トレンドの期間を把握する。この期間が3カ月程度の短い場合はまだまだ上昇トレンドが続く可能性があるので、天井の見通しも高く考える。逆に、上昇トレンドが長い場合は、例えば1年近いケースでは上昇トレンドが終わりに近いかも知れないので、天井の見通しも現在の株価からの上昇は低めに考えておいた方が良いであろう。特に、上昇トレンドが長く最近の株価の上昇が急激な場合は天井が近い可能性がある。

（4）過去の株価の天井

長い期間の株価チャートから参考にできる過去の天井を探す。現在の株価からあまり離れ過ぎていない天井の株価を最初の見通しの天井とする。更に参考になる過去の天井を2番目以降の天井とする。過去の株価の天井を参考にしようとするのは、抵抗線を探していることと同じになる。したがって、過去の株価チャートで株価が同じような天井が複数あれば、これらの天井を結ぶ抵抗線は信頼性が高くなり、心強い味方になるであろう。

参考にできる過去の天井の株価が現在の株価と大きく差があるときは、前述の「節目の株価」で代用できそうな株価を天井とみなして株価の動向に注意する。

過去の株価チャートで参考にできる株価がなくなるほど株価が上昇すると、これはまさに嬉しい限りであろう。2・5倍とか3・0倍のような区切りの良い上昇率で株価を計算し、節目の株価として考えてみる。また、区切りの良い株価も節目の株価として利用してみる。株価が大きく上昇する過程では2回の天井を形成して大天井に向かうのか、もしくは3回の天井を形成するのかと言うことも意識して株価を観察する。4.10節の**図4.10**の大天井⑤形成した株価のように株価が急騰し、特に大きく上昇した場合は大天井を形成する可能性があると考えて対応するのが良いであろう。

（5）日経平均株価の動向把握

日経平均株価と個別銘柄の株価は一般的には相関があるので、日経平均株価の動向は現在上昇トレンドの銘柄に大きく影響をする。日経平均株価が上昇トレンドなら個別銘柄の上昇の支援になる可能性があるので、より高い天井を目指して上昇することが期待できるであろう。一方、日経平均株価が下落を続けるようだと、個別銘柄の上昇にも悪影響が考えられ、天井の見通しも低くする必要があるかも知れない。個別銘柄の上昇に大きな影響を及ぼす日経平均株価の動向にも注目する必要がある。

（6）今後の業績

今後2期分の業績予想は会社四季報で知ることができる。業績の伸びが大きければ株価の大きな上昇に期待が持てることになる。したがって、株価の天井の見通しにはこの評価を織り込んで考える必要がある。予想が出ている2期分の業績以降の見通しを自分なりに考え、業績が更にだんだんと良くなると考えることができれば株式を長期保有し、高い株価になることを期待することが良いであろう。別の言い方をすると、今後の業績が悪くなると思えないときは株式のもっと長期で保有することをお勧めする。

4.18 株価の天井や大天井の見通しをどのように立てるのであろうか

株価の天井や大天井の見通しを立てるための判断材料やその考え方は前節で説明をした。次に実際の事例を通して株価の天井や大天井の見通しをどのように立てるかを考えてみよう。取り上げた事例はベストボトムから順調に上昇したケースである。

T社の事例

図4.14はT社の株価チャート（月足）である。図の①の底値2993円から1年半を超えて順調に上昇を続けて

おり、頼もしい限りである。参考になる高値は図の②の４８２２円と③の４９４３円であるが、現在株価は順調に上昇しているので、現在の株価より１割程度高い切りの良い数値の５０００円を最初の天井の株価とすると、上昇率は67%で結構な数値である。もし株価が５０００円を超えてくると、参考になる適切な高値がない。そこで、５０００円から５%上昇、10%上昇した株価それぞれ５２５０円、５５００円を２番目、３番目の天井の株価と考える。このときの上昇率はそれぞれ75%、84%でなかなか良い数値になっている。Ｔ社の過去８年間の高値は④の６６９３円であり、大底に近い株価２９９３円の２・２倍である。この高値の株価に対して現在のＴ社の業績の見通しから**株価収益率（ＰＥＲ）**（6.2節参照）を計算すると１００以上になるので、この高値に届くのはたいへん厳しい状況であると思われる。Ｔ社は配当の良い銘柄ではあるが、図の①のベストボトム近辺で投資した場合、株価が５０００円を超えてくると売却を考えるのも１つの案である。そこで、大天井を株価の上昇率が75%であ

図4.14　T社の株価チャート（月足）

る５２５０円と考える。株価が見通しの大天井５２５０円を超えてくれば次の大天井としては５５００円とする。株価が最初の見通しの大天井５２５０円に届くまでに天井を形成しそうであれば売却をすると決めておく。以上は売却基準Bの考え方である。

売却基準Aの考え方では、T社は配当が良い会社であることや株式の保有期間はまだ2年未満なので、もっと長期に保有して④の高値の６６９３円を目指すのが良いと考える。要するに、T社の株式を長期保有するかどうかを判断して決めると良いであろう。別法として保有している株式の一部だけを売却して利益を確保し、投資資金を積み増すと言う方法もある。底値待機型株式投資では株式は長期の保有を勧めるが、その時の事情も考慮して自分なりの判断をすれば良い。

第4章　安全確実で大きな成果が期待できる投資方法は底値待機型株式投資である

第5章 底値待機型株式投資の応用編の投資方法はどのようなものであろうか

底値待機型株式投資の考え方では日経平均株価が大きく下落したときを投資のチャンスの到来として捉えているので、投資のチャンスは多くない。年がら年中株式を売買したい方にとってはとても採用できる投資方法ではないであろう。仕事を本業に金融資産形成にも注視している方にとっては適度な投資頻度で、付き合いやすい方法ではないかと考えている。しかし、投資候補の銘柄の探索を続けていると、株価が十分下がり投資をしたいと思う銘柄も出てくるであろう。このようなときには日経平均株価が下ってくれると投資のチャンスだが、そうでなければしばらくは投資のチャンスはなさそうだと悔しい思いをすることも多いかも知れない。そこで、底値待機型株式投資の条件を少し緩和した投資方法（**底値待機型株式投資の応用編**）も2、3紹介し、投資のチャンスに多く巡り合えるようにしたいと考えている。説明する応用編の投資方法はその分リスクが大きくなるので、常にその対応を考えたうえでの投資となる。特に、「時期をずらした分散投資をする」ことを心がけてもらいたい。投資のチャンスが増える分だけ「投資銘柄の選択には十分注意を払い、良い銘柄に投資をする」

ことを期待したい。

5.1 絶対的な安値の一般化した定義を考えてみよう

前章での「絶対的な安値」の説明は株式投資の初心者向けに厳しい条件を課したが、株式投資の経験が豊富な方も含めた形で説明する。そこで、「絶対的な安値」についてもう少し一般的な定義をしておこう。過去xカ月の株価チャートにおいて、チャートの株価がある株価y以下である確率がz％になるとき、株価yを「絶対的な安値」と定義する。これは数学的に一般化した定義である。普通は変数xとzを決定して、「絶対的な安値」の株価yを求める。

絶対的な安値の一般的な定義を用いると、指定する変数xとzの値によっては、投資の主流である「株価が上昇途中の押し目を狙う短期の株式投資」に対応した「絶対的な安値y」も決定することができる。逆に言うと、求められた「絶対的な安値」が既に述べた「相対的な安値」と言った方が望ましい株価になるのである。

参考のために例を示しておこう。**図5.1**はY社の２０２３年8月以前の株価チャート（日足）である。水平の支持線と抵抗線に挟まれ

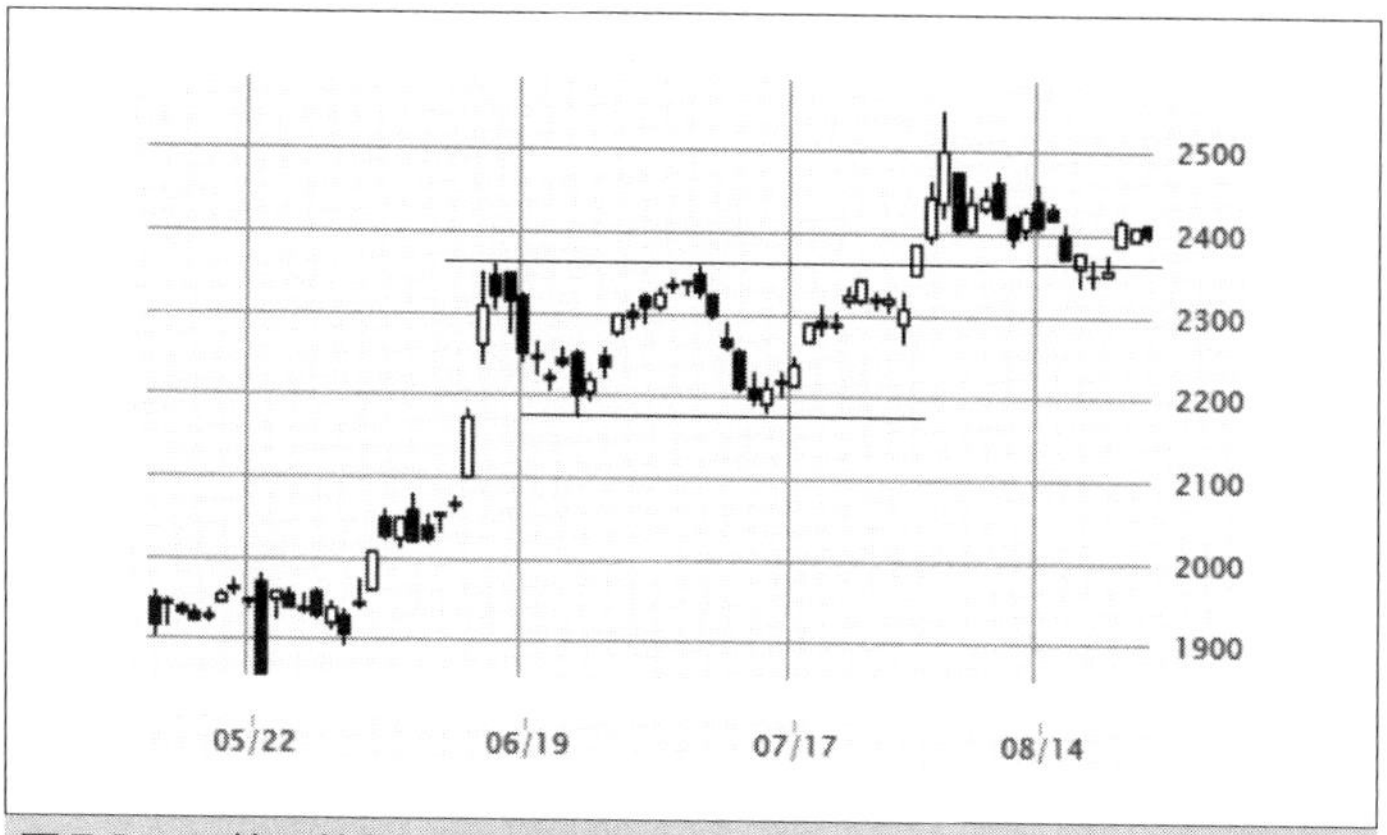

図5.1　Y社の株価チャート（日足）

て上下していた株価が抵抗線を勢いよく突破し上昇の気配が感じられる。日経平均株価の下落と共に少し下がり、抵抗線の延長線で下げ止まったようなので、2400円程度の株価で投資をしたいと考えている。この場合、変数xは4で、投資を考えている株価2400円は株価チャートを見ただけで相当な高値ゾーンにあることが分かる。この株価の安値期間比率は84%と大きな数字になる。安値期間比率の反対の言葉である高値期間比率で表現した方がよく、この場合の高値期間比率は

高値期間比率＝100－84＝16 （%）

となり、株価は売却ゾーンの高値にあることが分かる。このケースは底値待機型株式投資では投資の対象にならない。しかし、Y社の業績が大きく伸びる見込みであり、日経平均株価がしばらくの期間は現状より大きく下げることはないと言う確信ができれば、世の中の主流である「短期の株式投資」では投資の候補になるであろう。

底値待機型株式投資の考え方では、「日経平均株価がしばらくの期間現状より大きく下げることはない」と言う仮定で投資をすることも問題であると考える。これでは一種の「賭け」であり、確実に利益が確保できるとは限らない。わざわざある仮定を設けて投資をする必要はなく、投資にもっと適切なタイミングになっている銘柄を選ぶべきである。

5.2 投資ゾーンにない株価への投資はどのように考えるのであろうか

底値待機型株式投資では安値期間比率が25%以下で、株価が投資ゾーンにあることを投資の基本原則とした。これは株式投資の初心者向けに少し厳しくしている。「安値期間比率がどの程度までなら良いのであろうか」と言う

疑問を持たれるかも知れない。

投資ゾーンにあるベストボトムで投資をすることは、株価が高値から十分な期間を経過し、かつ十分な下落をしてこれ以上下落することがないであろうと言うことを狙ったものである。そのために投資をした後日経平均株価が再度下落しても、ベストボトムから大きく下がることはないと言うリスクを抑えた投資になるであろう。このような考え方なので、安値期間比率はどの程度までなら許容範囲なのかと言う疑問に定量的に答えることはたいへん難しいが、一般的にはプラス10％程度までは特に問題はないであろう。しかし、このようなケースで投資をする場合は銘柄の選択に十分注意することが重要である。

投資ゾーンにない株価は高値から十分な下落をしていないと考えられる。株価が十分下落せずに底入れし反転するのは、企業の価値や市場が業績の見通しを発表されているものより高めに評価しているなどによるものと思われ、優良銘柄ではよくあるケースであろう。このような銘柄の株価が今後大きく下がらない可能性があるのは、株価の下落期間が十分に長く、例えば1年以上であるような場合である。長い下落トレンドの途中で売りはかなり解消されていると思われる。特に、下落トレンドの大底の直前で少し大き目に下落し、最後の売り急ぎが一挙に出たような状況なら、長い下落トレンドの「大底」（投資ゾーンにないが、ベストボトムと呼ぶ）である可能性があり、株価が今後大きく下がることは考えにくい。このような投資は底値待機型株式投資の「**応用編の投資方法**」である。もちろん、ベストボトムと思っていた株価から大き目の下落をした場合、例えば業績見通しの下方修正の発表があると大き目の下落が考えられるので、その場合はどうするかの対策も考えておく。下落期間が十分でない場合は、これは既に説明した「短期の株式投資」の部類であり、お勧めできない。

投資をする場合は下落トレンドのベストボトムと思われる底値で行うが、日経平均株価も大きく下落していることが条件である。また、繰り返しになるが、時期を十分ずらした分散投資をすることが前提であることも忘れないようにしてもらいたい。

もし下落トレンドのベストボトムの見通しが困難な場合は、もう少し様子を見ることである。無理をした投資はしない。**下手な投資をすれば損をすることになりかねないが、投資をしなければ損はしない。投資をして儲けようと言う気持ちが強いと無理な投資になりやすい。**既に述べたように投資の適切なタイミングが来た銘柄を最優先すべきである。そのために投資対象銘柄を複数確保しておくべきである。次に、投資ゾーンでない株価への投資の事例を考えてみよう。

F社の事例

図5.2はF社の2022年5月以前の5年間の株価チャート（月足）である。株価は高値3200円から下落を始めている。現在の株価はまだ高めであるが、ベストボトムを考えてみよう。ベストボトムとして参考にできる3つの株価がある。具体的には、①1818円、②1384円、③1157円がある。①の株価の安値期間比率は34%で、株価は投資ゾーンより少し上にある。②と③の株価は計算するまでもなく投資ゾーンにある。

株価が天井3200円を付けた時期より少し後の株価チャート（週足）は**図5.3**のとおりである。日経平均株価の大きな下げとともにF社の株価も大きく下げ、④で底値2030円を付けている。ベストボトムのように見えるが、参考にした①の株価1818円とはまだ乖離があり、下落率も36%で十分とは言えないので、もう少し様子を見た方が良さそうだ。株価は点線の所で底入れしたように見えるが、2つの線（支持線、抵抗線）の間に沿って下落を続けて1年近くになる。

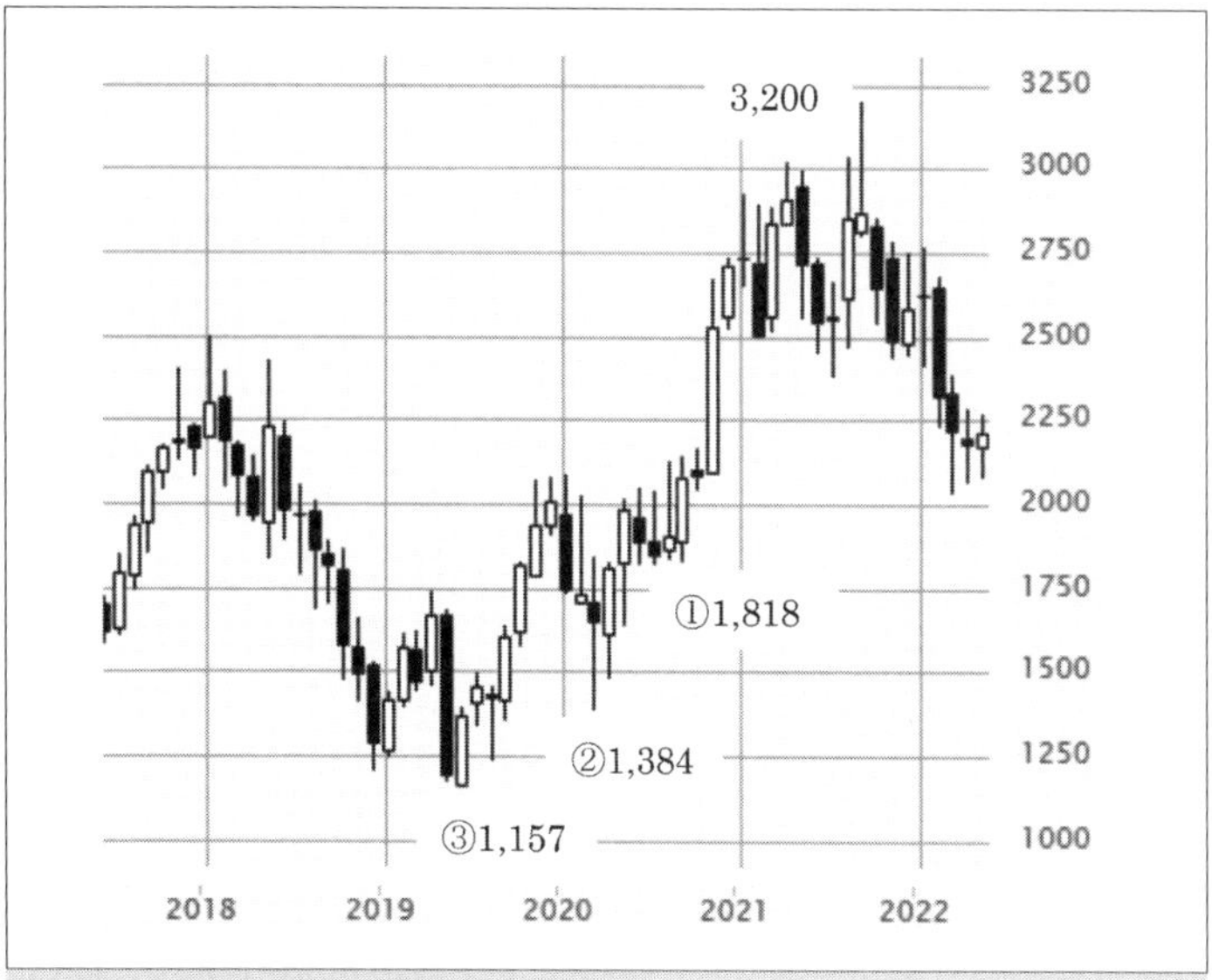

図5.2　F社の株価チャート（月足）

図5.3　F社の株価チャート（週足）

その後、日経平均株価が大きく下げたとき、F社の株価は⑤で底値1908円になっている。株価は⑤の底値1908円から上昇して○印の所で抵抗線を越えているが、株価に勢いがないので下落トレンドに終止符を打つとは言い難く、しばらく様子を見る必要がある。⑤の底を経過して、再度⑥で底値1879円を付けている。この時も日経平均株価は大きく下落しており、底⑤と⑥の株価がほとんど同じであることから、もう大きな下げはないと考えられ、底⑥がベストボトムと判断できるであろう。この時の下落率は41%で小さくはない。また、下落期間も十分である。しかし、ベストボトムとして参考にした①の株価1818円より少し高めで、投資ゾーンではない。その後、再度日経平均株価が大きく下落したとき、⑦の底値1890円を形成した。⑦の株価が⑥の株価より高いので、⑥の底値がベストボトムであったと確信できそうである。したがって、⑦の底値でも追加の投資をすべきである。

この事例は株価が投資ゾーンにないが、下落期間が十分であり、日経平均株株価の大きな下げを考慮して、安値期間比率が41%である底⑥がベストボトムであると判断できた。なお、④の底値や点線の近辺の株価で投資をしても結果的には特に問題はなかったと言える。

この事例は企業価値から株価が投資ゾーンまで下がらなかったと考えられる。投資ゾーンにない株価の企業に投資をする場合は、投資をする企業、業績見通し、投資額（株価）なども十分考慮して決定してもらいたい。

5.3 日経平均株価が大きく下落していないときの投資はどのように考えるのであろうか

これまでの解説では、日経平均株価が大きく値下がりしたときを投資のタイミングと考えてきたが、日経平均株価が安値でないときの投資を考えてみよう。

個別銘柄の株価が長期間に亘って下落を続けて十分な安値になり、投資ゾーンまで下げて見通しのベストボトムに近づいてきた。しかし、日経平均株価は横ばい、もしくは少し上昇気味である。このような場合、どのように考えたら良いのであろうか。

これまでの考え方は、日経平均株価が下がることによって個別銘柄の株価が連れ安で更に下がることがあるので、日経平均株価が大きく下がっているときを投資のタイミングとしてきた。これは非常に安全サイドの投資の仕方である。

しかし、しばらく日経平均株価が大きく下げそうにないときはどうするか。日経平均株価が少し下げたときでも投資対象銘柄の株価が連動して下げることがあまりないようであれば、見通しを立てたベストボトムでの投資が考えられる。日経平均株価の大き目の下落の頻度は確かに多くないが、2～5％程度の下落はよくあるので、このタイミングで投資をすることが良いだろう。このような投資も底値待機型株式投資の「**応用編の投資方法**」である。

投資をした後、個別銘柄の株価がベストボトムから緩やかに上昇している途中で、予想が外れて日経平均株価の大きな下落に遭遇しても、投資したベストボトムの株価から大きく値下がりすることはほとんどないと思われる。一方、株価がベストボトムから少し下がり気味でのタイミングで日経平均株価が急落した場合は、ベストボトムの株価から少し大き目の値下がりが考えられる。これは予想したベストボトムが間違っていた可能性があるので、このようなケースも想定して投資をすることになる。ベストボトムの見通しが大きく外れていなければ、不幸にも株価が下ってても値下がりは大きくなく、大き目の値下がりでも既に説明した第2回目、もしくは第3回目の投資で対応できるであろう。要するに、ベストボトムの見通しの精度のレベルが肝心であり、投資をしたいと焦らず、じっくりと株価の動向を注視してベストボトムを見極めることである

日経平均株価が大きく値下がりしていないときの投資は以上のような考え方なので、日経平均株価が安値のときの投資よりリスクは大きくなる。したがって、投資経験を積んでリスクが取れるようになってからの投資方法である。次に、日経平均株価が値下がりしていない場合の投資の事例を考えてみよう。

D社の事例

図5.4はD社の２０２３年2月以前の長期間の株価チャート（月足）である。現在の株価は投資ゾーンにあるだけでなく、長期間で特別な安値のゾーンにあり、今期、来期とも増益の見通しなので、まさに投資のチャンスである。安値と思われる所で投資をすれば十分であると考えられるが、勉強を兼ねてベストボトムを検討してみよう。

現在の株価は高値５３５０円から長期間下げ続け、①の１８２０円を底として横ばいになっているように見える。底①の下落率は66％なので、株価は下落率や下落期間から判断する限りベストボトムにかなり近づいているようである。参考にできる過去の株価は②の底値１４３０円であるが、現在の株価はこの株価からかなり離れているので、節目の株価で考えてみよう。下落率を70％にすると、株価は１６０５円になるので、ベストボトムの

目標を1600円で考えてみる。

　D社のその後の株価チャート（日足）は**図5.5**のとおりである。株価は同じような底値の3つの底③、④、⑤を経過した後、大きく下げて底⑥を形成した。株価チャートからは底⑥がベストボトムとなるであろうと誰でも考えるが、このことを忘れ、先のことは分からないとして株価を時系列に見てみよう。

　株価が底③の頃、日経平均株価は4・3％下落しているので、日経平均株価が更に大きく下げるとD社の株価も同じように下げ、見通しの1600円に近づくかも知れないと考えられる。その後日経平均株価は上昇をしているが、D社の株価は下落をして底④を形成している。株価が底④を形成したとき、底③と底④で水平の支持線が引けるので、ベストボトムとして考えられるかも知れないと判断するであろう。ベストボトムとしての見通しの株価1600円より少し高いが、天井から底④までの下落期間は十分であり、その下落率は68％で十分大きい。このような事実から底④をベストボトムと考えて投資をするのも1つの方法である。

　上昇を続けていた日経平均株価が下げに転じ5・8％の下落

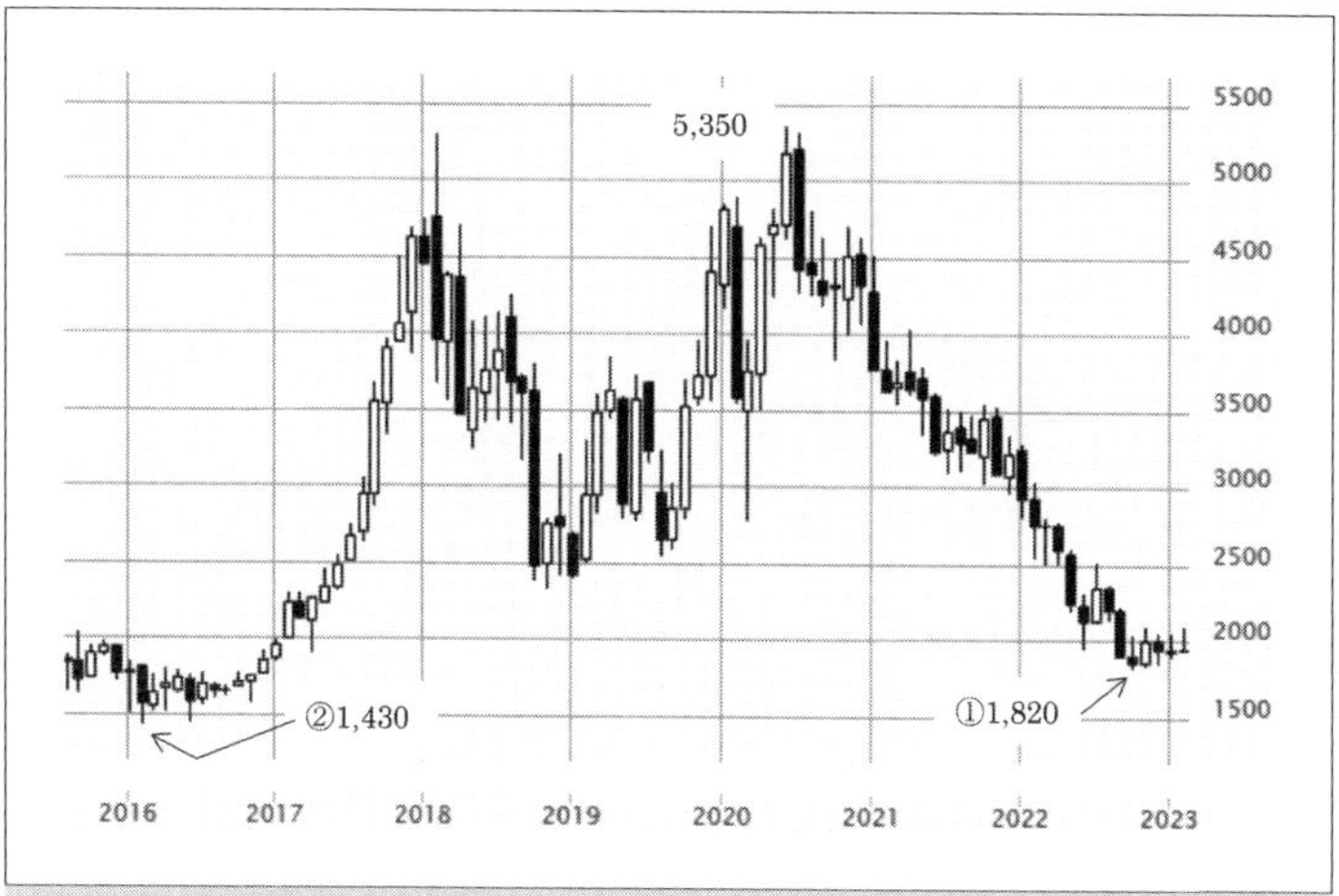

図5.4　D社の株価チャート（月足）

をしたとき、Ｄ社の株価は底⑤を形成し支持線で下げ止まった。株価が底⑤を付けたときの日経平均株価の下落率は底③を形成したときのそれよりも大きいが、底⑤と底③の株価はほとんど同じである。このことを考慮すると、底④の株価１７３５円はベストボトムではないかと確信することになるであろう。この時はまさに追加投資のチャンスである。この事例では日経平均株価が下げていないときの底値がベストボトムになったと思われる。下落期間や下落率が十分であることがベストボトムの見通しに自信をもたらすことになるであろう。

しかし、株価は７月下旬頃から大きく下落を始めて底⑥１５９２円を付けた。これは第１四半期の決算発表における業績の下方修正によるものである。この時タイミングが悪く日経平均株価も６・６％の下落をしており、これに引っ張られる形でＤ社の株価は直近の高値から12・２％下落した。底⑥１５９２円は最初のベストボトムの見通しの１６００円とほぼ同じであり、まさにこれがベストボトムであろうと考えられる。その後日経平均株価の上昇と共にＤ社の株価も上昇し

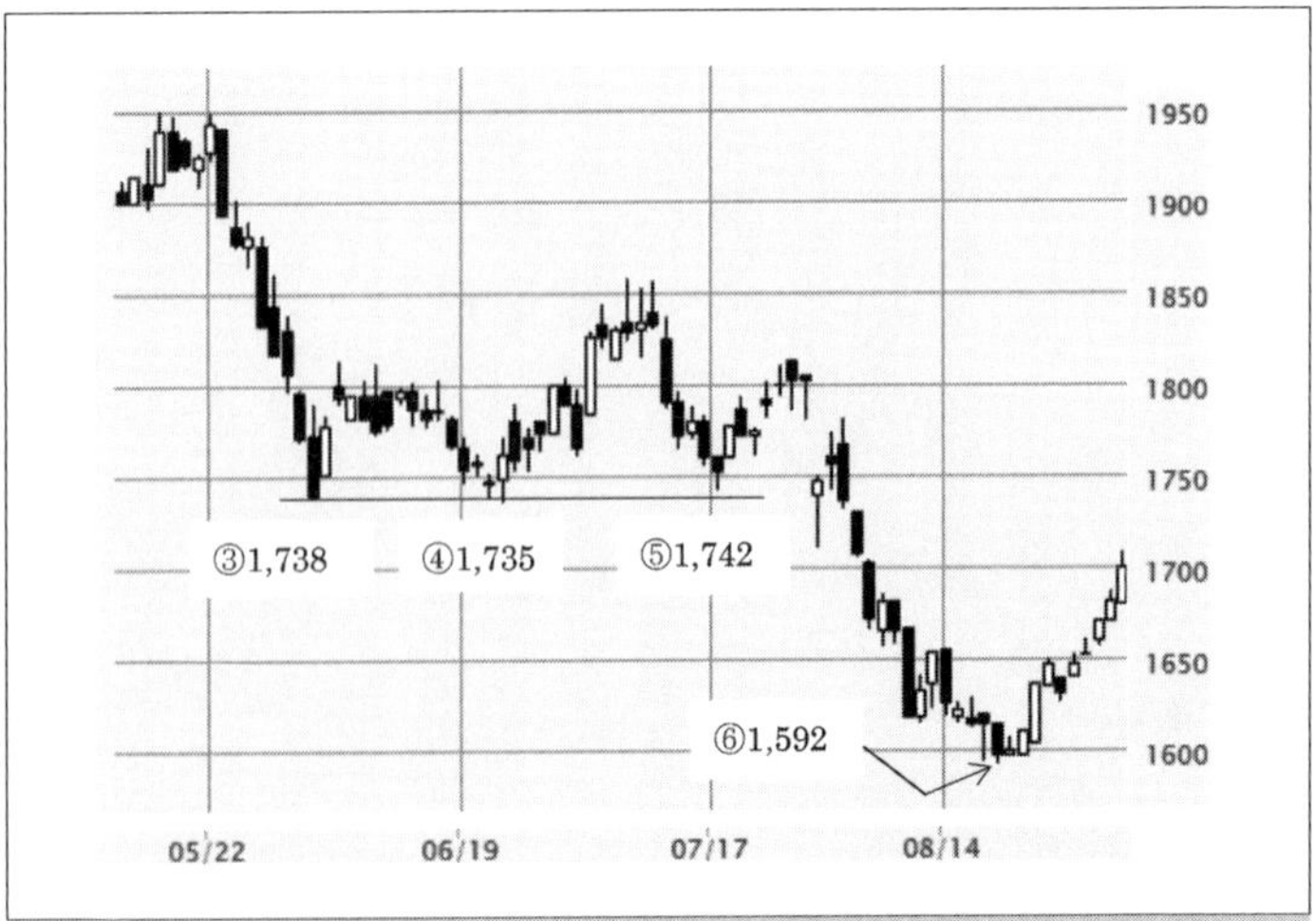

図5.5　Ｄ社の株価チャート（日足）

ており、ベストボトムの自信が深まるであろう。

なお、D社は第2四半期の決算発表においても業績の下方修正をしているが、株価は1569円で下げ止まっており、底④1735円をベストボトムと考えて投資をしても特に問題ではない。D社の株価は歴史的な底値なので底⑥1592円や底値1569円で追加投資をすれば、非常に大きなリターンが期待できるのでぜひ実行したいものである。


経済が必ずしも順調でないときは業績の下方修正はよくあることであり、投資をする場合は十分考慮することが大切で、株価の下落率や下落期間、株価収益率（PER）などに十分注目する。

5.4 買い上がり投資はどのような方法であろうか

買い上がりは買い下がりと反対であり、ある株価で投資をした後、株価が上昇し上昇トレンドが継続していくと考え、値上がりした株価に追加投資をして投資のリターンを大きくする方法である。

底値待機型株式投資では十分下がりきった株価に投資をするので、買い上がりは活用できる効果的な投資方法である。ベストボトムで投資をした後、株価が穏やかに上昇を始め、ベストボトムが「株価の大底」になりそうだと確信できるときは、「ベストボトムから適度に上昇した株価の範囲」で追加投資をするのは効果的であり、この方法も底値待機型株式投資の「**応用編の投資方法**」である。

また、ベストボトムで投資をした後徐々に株価が上昇したが、日経平均株価の下落とともに株価が再度ベストボトムに近づいたときも追加の投資のチャンスであることは言うまでもない。

株価がベストボトムのときの投資が第1回目の投資なので、前述の説明は第2回目とか第3回目の投資と言うことになる。ある銘柄への投資は時期をずらして2～3回に分けて行うべきであると説明している、もう1つの理由である。

5.5 投資銘柄の株価が高値から大きく下落する場合はどのように対応するのであろうか

底値待機型株式投資では、投資後は株価の上下を気にせず中長期で株価の大きな上昇を待つと言う投資戦略である。したがって、売却ゾーンの高値になるまで売却はしないのであるが、投資の豊富な経験者になると、株価が高値から大きく下落するのであればこれを活かしたいと考えるかも知れない。そこで、その方法を紹介しておこう。

含み益が大きく出ている銘柄が日経平均株価の下落などと共に大きく値下がりしそうなときに、保有株数の一部（1～2割）売却することによって利益を確保し、現金比率を高めて（保有する投資資金を多くすること）次の投資のチャンスに活かす方法である。ただし、株価が大幅に値下がりしそうだと言う自信がなければ実施しない方が良く、下手な小細工は失敗のもとである。基本的には中長期投資の視点に徹すれば良い。

もう1つの方法は信用取引の**つなぎ売り**である。こちらも投資の豊富な経験者向きである。具体的な方法など詳しくは付録を参照してもらいたい。

本節で紹介した投資方法も底値待機型株式投資の「**応用編の投資方法**」であるが、本書ではあまりお勧めはしない。

第6章 投資をする企業について確認すべきことはどのようなことであろうか

第4章では株式投資をする「適切なタイミングの株価」について解説をした。それでは投資をする企業の株価の他にどのようなことを調査し、確認をすれば良いのであろうか。本章ではこの点に関して説明をする。

6.1 投資をする企業は中長期で成長が十分期待できるであろうか

株価が投資ゾーンにあるような銘柄は、その時々の投資テーマに関連する銘柄を取り上げている株式投資の雑誌やインターネットの株式記事には紹介されていないので、少し寂しい気持ちがするかも知れない。しかし、「雌伏して時の至るのを待つ銘柄」に注目すべきなのである。中長期視点の投資をするので、好感が持て応援したくなるような企業であることが望ましい。インターネットの株式関連のホームページには企業の概要が紹介されているが、必ずその企業のホームページで詳細に確認する必要がある。今後の成長が十分期待できるような内容に

なっているか、成長のためのポテンシャルを十分持っているかどうかなどを確認する。例えば、

（1）技術力や開発力がある。
（2）市場占拠率が高い。
（3）小規模だがニッチの分野で首位である。
（4）社長が優れている。

など挙げればきりがないが、他社と差別化できる特徴を持っていれば頼もしく信頼できるであろう。（4）に関して付言すれば、企業のホームページには社長の挨拶があるが、この挨拶が広報担当者によって書かれたような通り一遍のものか、それとも社長の取り組み意志がよく表れている挨拶なのかどうかも1つの判断材料になるであろう。素晴らし社長がリーダーの企業は大きな期待が持てることになる。投資をして長く付き合うことになるので、それに値する企業かどうか、自分なりに判断してもらいたい。

6.2 企業の財務に関することで確認すべきことはどのようなことであろうか

本書で勧める株式投資は中長期に亘るので、縮小均衡になるような企業や倒産に至る企業は絶対に避けなければならない。財務的に問題がないことや株価を財務的観点から評価して割安かどうかも調べておく必要がある。以下重要な指標や項目について解説する。

（1）財務的な安全性に関する指標

企業の財務的な安全性を示す指標に**自己資本比率**がある。**自己資本**（**純資産**）とは企業の**総資産**から**負債**を引いたものであり、自己資本比率は次式のように計算する。

自己資本比率＝自己資本÷総資産×100　（％）

自己資本は返済をする必要がない資金なので、この比率が大きいほど企業としては安全であると言うことになる。製造業では設備投資の資金が大きいので、自己資本比率が50％以上であることが安全性の目安と言われている。また、日本の企業は**利益剰余金**（**内部留保**）が多いが、借入金に対して利益剰余金が多ければ、企業の安全性は高いと言える。しかし、企業の成長を高めるには利益を投資に向けることも必要なので、利益剰余金が多いことも注意が必要である。

（2）業績に関する指標

企業の業績を表すものには、**売上高**、**営業利益**、**経常利益**、**純利益**がある。これらの見通しが今後どのような推移になるかが株価の上昇に大きく影響するので、投資の対象にするには、今期は減益でも来季からは増益見通しでなければならない。会社四季報には2期分の業績予想が掲載されているので参考にすると良い。底値待機型株式投資では中長期に株式の保有を続けるので、中長期的に業績が確実に伸びることが期待できそうであることが最も重要である。しかし、これに関しては確かな情報は少ないので、自分なりの判断をするしかないであろう。今期も来期も減益見通しなら投資候補にはならないので、今後も調査を続けるかどうか決定する。

（3）経営効率に関する指標

企業が効率的に経営をしているかどうかを表す指標として、**自己資本利益率（ＲＯＥ）**があり、次式のように計算する。

自己資本利益率(ROE)＝純利益÷自己資本×100　(%)

自己資本利益率（ＲＯＥ）が10％以上あると優良企業と評価されている。投資を検討している企業については、現状は少し低めであると思われるが、過去の業績が良いときの自己資本利益率（ＲＯＥ）を確認すると参考になるであろう。

（4）株価の評価に関する指標

企業の株価が現在の業績に対して高いか、安いかの評価尺度として**株価収益率（株価純利益倍率、ＰＥＲ）**があり、次式のように計算する。

株価収益率(PER)＝株価÷１株当たりの純利益(EPS)

１株当たりの純利益(EPS)＝純利益÷発行株式数

プライム市場の企業の平均的な株価収益率（ＰＥＲ）は15程度であると言われているので、投資対象企業の株価収益率（ＰＥＲ）が15より大きい場合は、業績に対して高めの株価になっていると判断できることになる。一般的に、投資対象としては15程度より小さい企業が望ましいであろう。

投資をした後、株価が上昇し高値になったときの株価収益率（ＰＥＲ）もチェックしよう。かなり大きな値になっているであろう。同業他社などと比較し、株価が高めに評価されているとか、逆に低めに評価されており、まだ上昇が見込まれるなどのように自分なりに判断してみよう。

また、1株当たりの純利益（EPS）にも注目し、稼ぐ力があるかどうかも確認する。3桁あれば良いが、特に小さい場合、例えば20以下であれば業績の推移を調べ、一時的な小さい値であるのか否かなどのチェックをする必要があるが、投資の優先順位としては低いと考えるべきである。

株価を評価するもう1つの指標がある。すなわち、**株価純資産倍率（PBR）**であり、次式のように計算する。

株価純資産倍率(PBR)＝株価÷1株当たりの純資産(BPS)

1株当たりの純資産(BPS)＝純資産÷発行株式数

企業の1株当たりの純資産は、換言すると企業が解散したときの1株当たりの価値なので、株価純資産倍率（PBR）が1であることは妥当な株価と考えられる。したがって、株価純資産倍率（PBR）が1より小さい場合は、株価は割安であると判断できる。現在市場から評価されていないとか、注目されていないと考えられるので、今後の成長を期待する底値待機型株式投資では投資の対象銘柄としては望ましことである。現状では株価純資産倍率（PBR）が1より小さい上場企業は非常に多い。一方これを是正しようと言う動きも見られ、株価の上昇につながるので注目しておく必要があろう。

本書では投資ゾーンの株価で投資をすることが条件であるが、株価収益率（PER）と株価純資産倍率（PBR）でも株価を評価する必要がある。特に、株価が投資ゾーンにあるが、株価収益率（PER）が例えば30以上のような非常に大きい場合は業績に対して買われ過ぎているので、十分な調査・検討が必要であろう。何か悪材料が出ると大きく値下がりする可能性がある。優先すべき投資候補としては、株価収益率（PER）と株価純資産倍率（PBR）が小さめの企業がよく、投資経験の浅い方には安心して投資できるであろう。また、同業他社の値と比較するのも参考になるであろう。
株価収益率（ＰＥＲ）と株価純資産倍率（ＰＢＲ）が万年割安であることは、株価があまり上昇しないことになりやすい。このような銘柄を除くには、例えば、過去10年の株価チャート（月足）における大天井と大底の株価の差が少ない銘柄は、株価があまり上昇をしないと言うことなので、基本的には投資妙味が少ないことになる。したがって、大天井と大底の株価の差が大きい銘柄を選ぶことが大切である。

(5) 株主還元に関する指標など

企業が株主還元に積極的であるかどうかも注目すると良いであろう。企業によっては純利益の内どの程度配当金に充てるか（**配当性向**）を明確にしている所がある。配当性向は次式のように計算する

配当性向＝１株当たりの配当額÷１株当たりの純利益×100（％）

配当性向は30％程度が目安となっている。安定的な配当を目指す企業は、一時的な業績の落ち込みに対しては配当性向をアップして対応する場合がある。

配当金の大きさを評価する尺度として、**配当利回り**（年）があり、次式で計算する。

配当利回り＝年間の配当金÷株価×100（％）

既に述べたように配当利回りが２％程度の企業が多いので、これを基準に考えると良いであろう。配当金は業績によって変化する可能性があるので、過去の配当金についても確認しておく。株式投資の経験の浅い方には配当利回りが高めの企業をお勧めする。

株主還元のもう１つに**自己株式取得**がある。市場で流通する株式が少なくなるので、株価が上昇しやすくなる。

業績が好調なときに実施する企業が多いので、参考にすると良い。

本節で紹介した指標や項目は自分で計算する必要はなく、インターネットの株式関連のホームページや会社四季報に掲載されている。

なお、各指標の判断の基準値を示しているが、これはある一面から見た場合の評価なので、企業を正確に理解するには複数の指標から総合的に判断することが望ましい。

第7章 株価の底はどのように判断するのであろうか

株価のベストボトムの見通しの方法については既に説明をしたが、株価の底の判断に参考になる情報がまだ他にもある。株価が見通しのベストボトムに近づいてきたとき、株価チャートのパターンによってベストボトムが判断できれば投資に活かすことができ、自信を持って投資をすることができるであろう。次節以降では株価のパターンをイメージで説明している場合が多く、実際の株価チャートの例は少ないので、読者は実際の株価チャートの底の例を数多く見て、どのようなパターンが多いのか、また株価の底の動きを見てどのパターンだと素早く判断できるようになることが望まれる。そのためには多くの株価チャートを見ることが大切である。

7.1 株価の下降と底の形状のパターンはどのようなものであろうか

株価が大天井から下落するときは売り多くなり、急落するのが普通である。大きく下げた後は空売りの買い戻しなどで大き目の反発が起こる。しかし、反発の上昇は長くは続かず再度下落を始め、その後株価は上下を繰り返しながら下落を続ける。高値から数カ月かけて下落する場合、**図7.1**の株価グラフのように2回程度は大きく反発（天井BとD）をするのが一般的で、底入れしたのかと思わせる場合があるので注意が必要である。この大き目の反発を2回程度繰り返しながら大底に向かうことになるので、大底を見誤らないようにする。**図7.1**の①（T→A→B→C→D→①）、②（T→A→B→C→D→E→②）の点線で示したように途中で反発するケースもある。

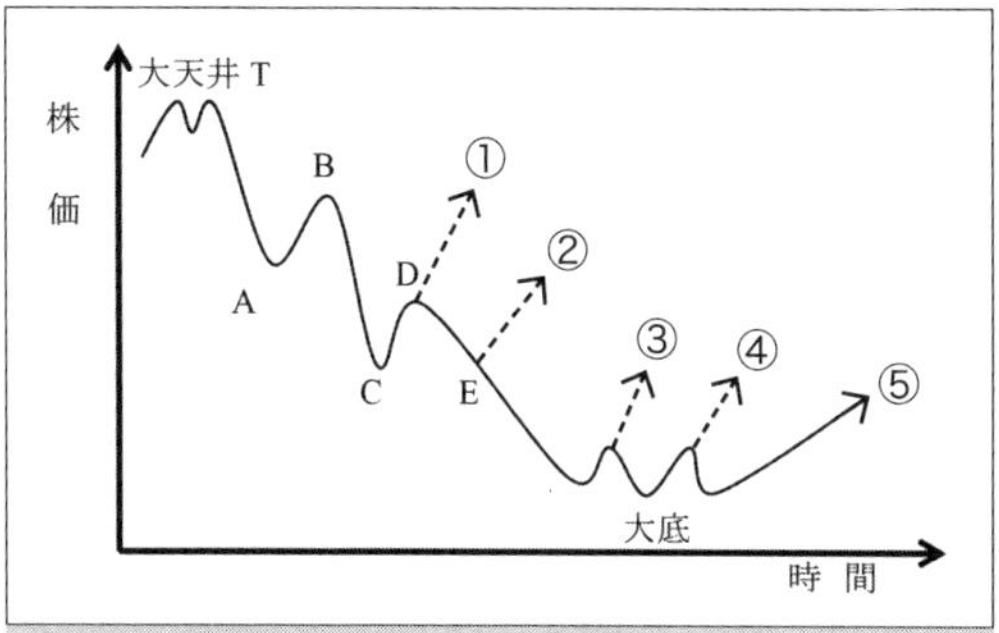

図7.1　株価の下降のパターン

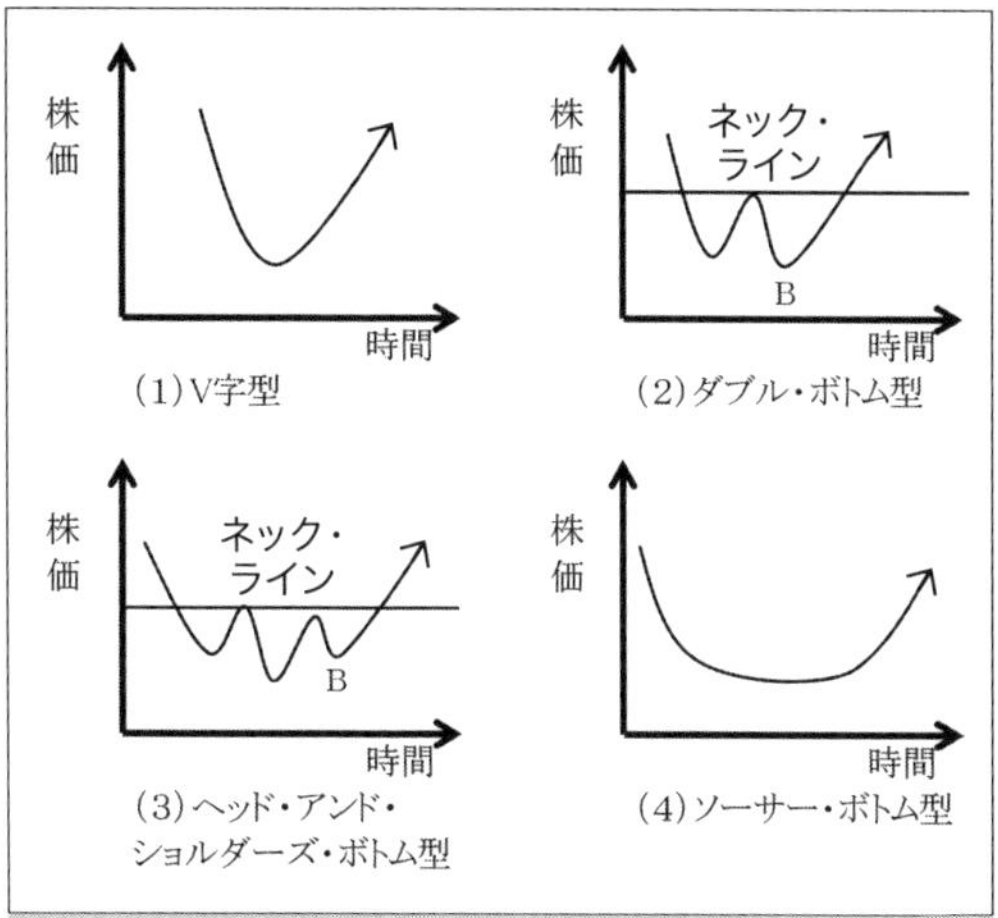

図7.2　株価の底の形状パターン

大底に到達してからの上昇のパターンは③（T→A→B→C→D→E→③）、④（T→A→B→C→D→E→④）、⑤（T→A→B→C→D→E→⑤）のようなケースが多いようである。底Cが投資ゾーンであると投資をしなければと焦って投資をしても、まだ大底に到達していないことになる。底Cが投資ゾーンでなければ投資を考えないので、株価の動向を観察しておけば良いだけである。

4.8節の**図4.7**に株価が2年弱の間大きく下落する株価チャート（月足）の例があるので、再度確認してもらいたい。この例では単純な反発ばかりではないが、4回ほど反発があり、4回目の反発で底入れをしたかも知れない。

株価の底の形状パターンは**図7.2**に示したような形が多いようである。それぞれについて解説しておこう。

（1）V字型

図7.1の①や③の反発は**V字型**の底を形成することになる。株価の底がV字型になるのは、株価の値下がりも大き目が続き、その後売られ過ぎや好材料出現で買いが急増した場合などに発生する。急落急騰で底値を確認することになり、底値確認後の投資では底値より少し高めの株価になる。株価は急騰後一気に上昇するとは限らないので、株価が急騰した後の調整場面の出現が再度投資をするチャンスであろう。

（2）ダブル・ボトム型（二重底型）

株価の底がV字型にならない場合は、株価が底近辺に届いて上下を繰り返しながら上昇トレンドになっていく。**図7.1**の②や④の反発は**ダブル・ボトム型**の底を形成することになる。**図7.2**の⑵で底Bから株価が再度反発を始めたときは注意が必要で、反発した株価が1度抑えられていた**ネック・ライン**を越えるとダブル・ボトム型の底を形成するので、株価は上昇する可能性が高く、株価が底を打ったと考えられる場合が多い。しかし、ときにはネック・ラインを超えた株価が反落に転じネック・ラインを割り込んで上昇しない場合があり、これは**だまし**と言われるもので注意が必要である。株価がネック・ラインを越えなければ、もう少し底値近辺でもみ合いが続くことになるであろう。株価がネック・ラインを越えるかどうかに注目する。

（3）ヘッド・アンド・ショルダーズ・ボトム型（逆三尊型）

図7.1の⑤の反発は**ヘッド・アンド・ショルダーズ・ボトム型**の底を形成することになる。**図7.2**の(3)で底Bから株価が上昇を始め、2度抑えられていたネック・ライン・を越えると、ヘッド・アンド・ショルダーズ・ボトム型の底を形成するので、株価は上昇する場合が多い。もちろん、だましの場合もある。株価がネック・ラインを越えるかどうかに注目する必要がある。

（4）ソーサー・ボトム型（ラウンド・ボトム型）

株価が底値近辺でもみ合いが長い場合は**ソーサー・ボトム型**と呼ばれており、底値近辺での株価の変化が少ないので、投資が非常にやりやすいケースである。

7.2 株価の底を示す株価チャートのパターンはどのようなものであろうか

株価の底の形状パターンは前節で説明した。本節では株価チャート（週足）のローソク足が示す底のパターン（**図7.3**）について説明しよう。株価の底に関するローソク足のパターンは多数知られているが、本書では必要最小限の底のパターンの説明に留める。説明は週足の株価チャートを前提にしているが、日足の株価チャートでも同じように適応できる。ただし、底と思われるパターンが出現しても即座に上昇するとは限らないので、その後の日足の株価チャートで株価の上昇を確認する必要がある。

(1) 長い下ヒゲ

株価が高値から大きく下げ続けてきた安値圏で長い**下ヒゲ**の陽線（陰線）が出現すると、株価は底入れの可能性が高いと考えられる。週の前半では売り込まれたが、良い材料出現などで週後半は買い戻されたり、新規の買いが増加したりして長い下ヒゲが出現したのであり、買いの増加が株価の底を暗示している。株価がすぐ上昇に転じる場合もあるが、少し上下を繰り返してから上昇すると言うパターンもある。長い下ヒゲは株価チャートの中でよく現れるが、十分下げた安値圏であることに注意する。

(2) 十字線

株価が長く下落を続けた後**十字線**が出現すると底入れの可能性がある。十字線は株価の転換を暗示するローソ

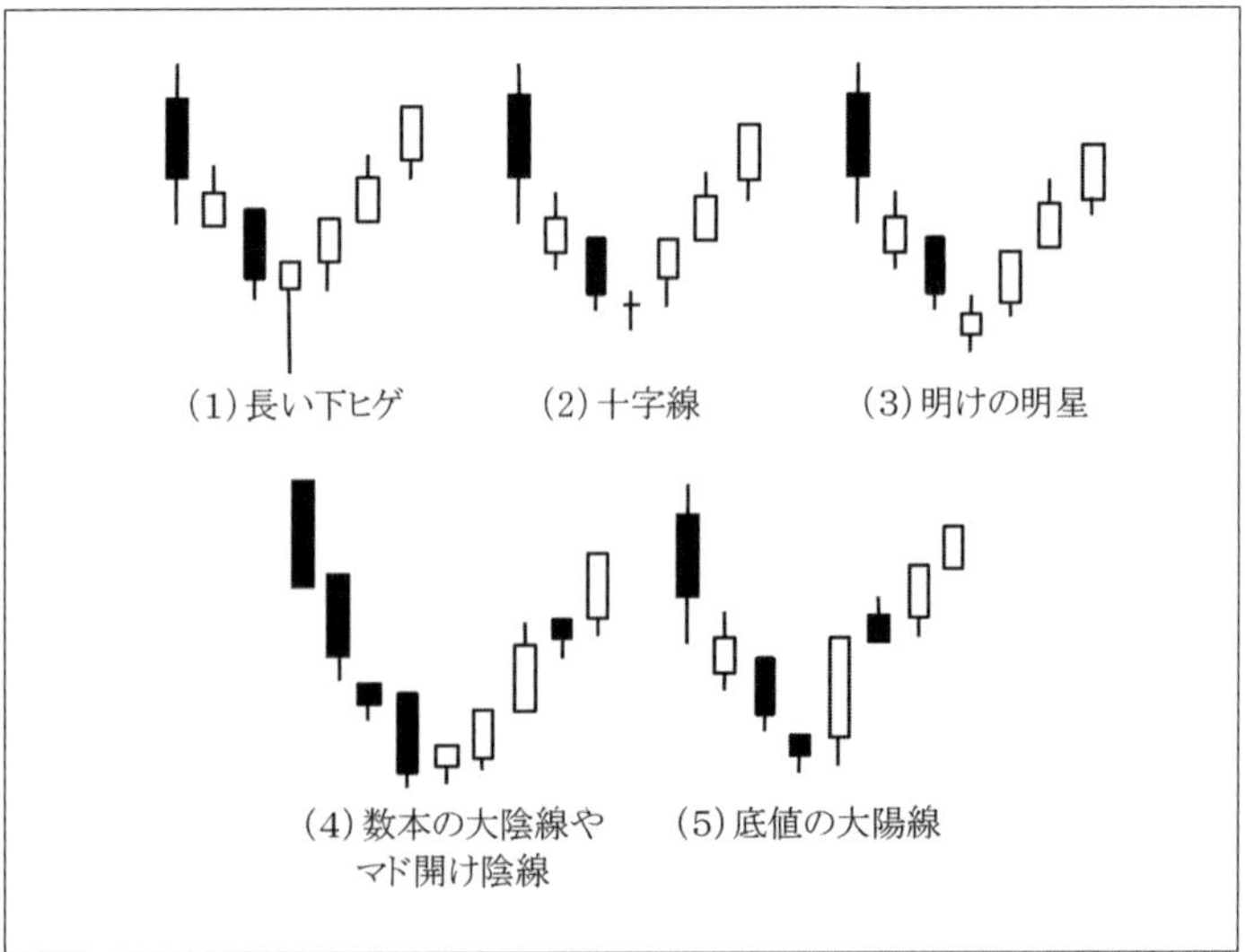

図7.3　ローソク足の底のパターン

ク足と知られているので、底値圏で現れると底入れをする可能性がある。その後の株価の動向に注意し、底入れをするかどうか確認する。十字線が繰り返して出現した場合は底入れの可能性がより高くなったと判断できる。十字線は株価チャートでよく出現するが、株価が十分下落し、安値圏であることに注意する。

（3）明けの明星

株価が下げ続けて安値圏になり、**マド開け**した**コマ**（実体が短く、上下にヒゲがある）が出現し、その後上昇の気配がみられる場合は、マドを開けたコマは**明けの明星**と呼ばれる。週の初めはマドを開けるほど売り込まれたが、買いの勢力も強くマドからはさほど下がらず、少し上昇してコマになっている。その後、売りが峠を越えて減少し徐々に買いが強くなると上昇の気配となり、底入れの可能性が非常に高くなる。安値圏でマド開けのコマが出現した場合は、明けの明星かも知れないと考え、株価が底入れするかどうか注意深く観察する。

（4）数本の大陰線（マド開け陰線）

株価が底値圏で大陰線やマド開け陰線が続いて急落した場合は底入れをする場合が多い。株価が急落すると、更に大きく下がるのではないかと考えやすいが、むしろ逆で底入れの可能性があるので十分注意する。下落が続き、買い方の投げ売りや空売りの増加で大きく下げ、その結果株価が下げ過ぎの状況になり、下げ過ぎなのでそろそろ空売りの決済をしておこうとか、底に近いから打診買いをしようなど一転買いが多くなり底入れしやすくなるのである。急落した場合は急騰する可能性もあるので、株価の日足の動きをよく観察することが大切である。

大きな下落相場の最終局面で突出した出来高や売買代金を伴って大幅に下落することを**セリング・クライマッ**

クスと言う。株価チャートを見ると底値近辺で大陰線が出現しており、また出来高が非常に多いことが分かる。例えば、日経平均株価は2020年2月から3月にかけて新型コロナ・ショックで短期間に急落しているので、日経平均の株価チャートを見ればセリング・クライマックスを確認することができる。セリング・クライマックスを過ぎると株価は底入れする場合がほとんどで、日経平均株価も急反発している。その後日経平均株価は長期に亘って大きく上昇することになる。

(5) 底値の大陽線

株価が下げ続けて底値近辺になった状況で突如長い陽線が出現すると、底入れの可能性が大きい。継続的な売りで大きく下げ続けてきたが、良い材料の出現や売られ過ぎなどから買いが急増して底値近辺での大陽線につながったと考えられる。要するに、売り込まれていた状況から一転買いが多くなるので底入れする場合が多い。大陽線後の株価の動きをチェックし、底入れするかどうかの判断をする。

以上が基本的な株価の底を示すローソク足のパターンである。ローソク足が示す底のパターンはその他にもいろいろ知られているので、興味のある方は研究をしてみると良いであろう。参考になる株価チャートの読み方の本は多数出版されている。

第8章

株価の天井はどのように判断するのであろうか

株式投資は売却の仕方によって得られる利益が大きく異なる。適度に利益を出すだけならベストボトム近辺で投資をし、配当を得ながらある程度上昇するまで待ち、例えば買値から5割も上昇したから売ると言う判断で確実に利益を得ることができる。しかし、株を売るならできるだけ高値で売却し、利益をできるだけ大きくすることを考えた方が金融資産形成に有利である。そのために株価の天井に関する知識を深めることが大切である。本章では天井に関するよく知られていることを解説する。本章でも株価チャートの事例はあまりないので、インターネットなどを活用し、株価がどのように天井を形成しているか、実際の株価チャートをできるだけ多く観察してもらいたい。

8.1 株価の上昇と天井の形状のパターンはどのようなものであろうか

株価が大相場を形成するような上昇の株価は、**図8.1**の株価グラフのように2回程度はかなり深めの反落（底BとD）を経て大天井Tに至る場合が多い。図では**1波**、**2波**、**3波**の上昇曲線ともスムーズな曲線で示しているが、実際は上下を繰り返しながら上昇トレンドを形成する。直前の高値から10%程度の下落はよくあるが、底BやDでは直前の高値から20%以上の下落になる場合があり、下落率が大きいと更に下落を続けるのではないかと判断し、持ち株を売却することになりかねない。したがって、大きな上昇相場に乗って大天井Tまで株を持ち続けることは非常に難しいことになる。逆に、大相場なら大きな反落は2～3度あると考え、天井AやCで持ち株の一部売却しながら残りの持ち株を大天井Tで売却できるようになることが目標である。

株価の上昇も**図8.1**の①（S→A→B→①）、②（S→A→B→C→D→②）、③（S→A→B→C→D→E→③）のように上昇途中で下落トレンドになり、A、C、Eなどが天井になる場合もある。株価が大天井Tになった場合は、**図8.1**の④（S→A→B→C→D→E→④）、⑤（S→A→B→C→D→E→⑤）、⑥（S→A→B→C→D→E→⑥）のような下落トレンドになる場合が多いようである。大天井Tでは下落の兆候が見られると投資家の高所恐怖症から株価が一気に急落することが多いので、注意が必要である。

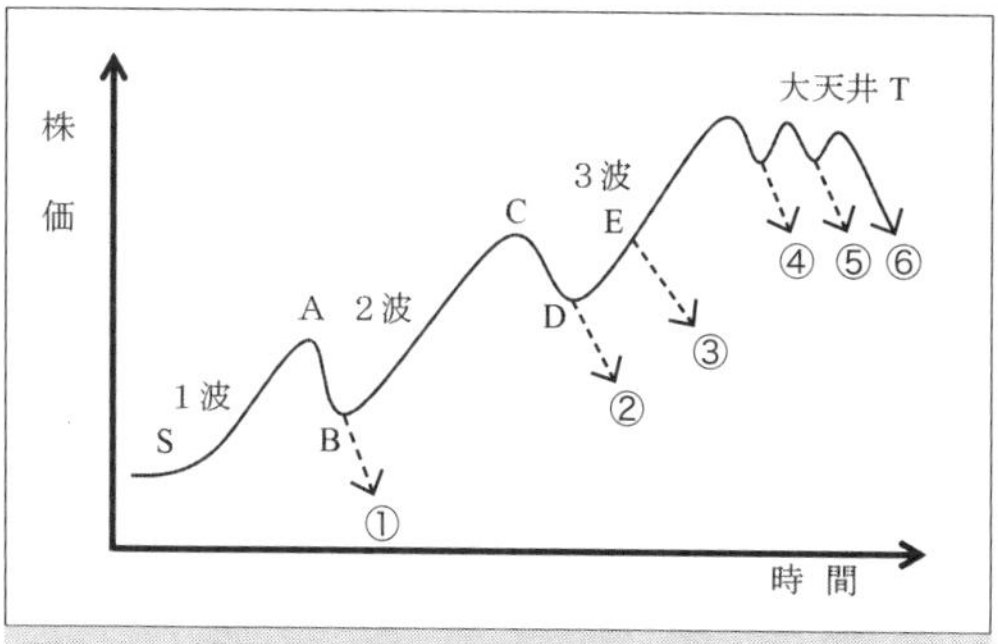

図8.1　株価の上昇のパターン

株価の天井の形状パターンは底の形状のパターンを逆にしたものが多いようである。図は省略するが、それぞれのパターンについて解説しておく。株価がこれらのパターンを形成して天井になったと言っても長期間の下落トレンドの始まりを暗示するものではないことに注意する。

(1) 逆V字型

図8.1の①、②、④の反落は**逆V字型**の天井を形成することになる。逆V字型の天井の形成には、天井近辺では買いが買いを呼び急騰を演じ、上昇もそろそろ終わりに近いと判断した人からの売りの増加から売りが一気に広がり、急落するケースの場合がよくあてはまるであろう。急騰急落のパターンはよく出現する。株価が天井圏になり、少し下がり始めたら売却しようと思っていても、株価が急落し考えていたレベルの株価では売却できないことになりやすいので、注意が必要である。

(2) ダブル・トップ型（二重天井型）

株価が天井から一気に下がらず、また上昇に転じるが前の高値前後で反転し下落を続けると**ダブル・トップ型**の天井を形成することになる。**図8.1**の③や⑤の反落が該当する。天井圏の株価がネック・ラインを下に突き抜けてダブル・トップ型の天井を形成すると、株価は下落を続ける場合が多い。もちろん、だましの場合もあるので注意が必要である。4.10節の**図4.10**でダブル・トップ型の天井の事例を示しているので再度参照してもらいたい。

（3）ヘッド・アンド・ショルダーズ・トップ型（三尊型）

図8.1の⑥の反落は**ヘッド・アンド・ショルダーズ・トップ型**の天井を形成している。ヘッド・アンド・ショルダーズ・トップ型の天井では天井圏で下に行ったり上に行ったり気迷い相場になっている。しかし、前の高値を大きく抜けないことからだんだん売りが多くなり急落することになる。天井圏の株価がネック・ラインを下に突き抜けてヘッド・アンド・ショルダーズ・トップ型の天井を形成すると、株価は下落を続ける場合が多い。もちろん、だましもあるが、今回の天井が相当高値の天井であれば、この下げはだましでまだまだ上昇すると考えるより、株価は天井を付けて下落すると考えた方が安全である。

（4）ソーサー・トップ型（ラウンド・トップ型）

株価が天井圏で揉み合い相場が長く続き、上下の変動が少ない場合は**ソーサー・トップ型**と呼ばれている。天井圏での株価の変動が少ないので、株式の売却はやりやすいことになる。

8.2 株価の天井を示す株価チャートのパターンはどのようなものであろうか

前節で株価チャートの天井の形状に関するパターンを説明した。本節では株価チャート（週足）のローソク足が示す天井のパターン（**図8.2**）について説明する。本書では必要最小限のパターンを取り上げる。読者は必要に応じて研究されたい。天井を示すパターンが出現すれば株価は下落するのではないかと注意しながら、日足の株価チャートで株価の動きに注目する。今回の天井で持ち株の一部でも売却予定がある場合は、より注目する必要があろう。もし売却の予定がないなら天井圏の株価の動きを観察し、経験を積むことで今後に活かすことができるであろう。

(1) 長い上ヒゲ

株価が上昇を続けた後、長い**上ヒゲ**のローソク足が出現すると天井圏での売りの強さを認識させられるので、株価は下落に転じると考えるべきである。長い上ヒゲのローソク足は見た目にも上昇の限界を示しているようで、非常に分かりやすいパターンである。今回の天井で売却を考えている場合は素早い対応が求められるであろう。

(2) 十字線

十字線は需給のバランスが取れていることから株価の転換を示す場合が多い。したがって、天井圏で出現した十字線には注意が必要で、株価が上昇から転換して下落に転じる可能性がある。その後の株価をチェックし、株価の動向を把握する。今回の天井圏で売却をする場合は特に注意が

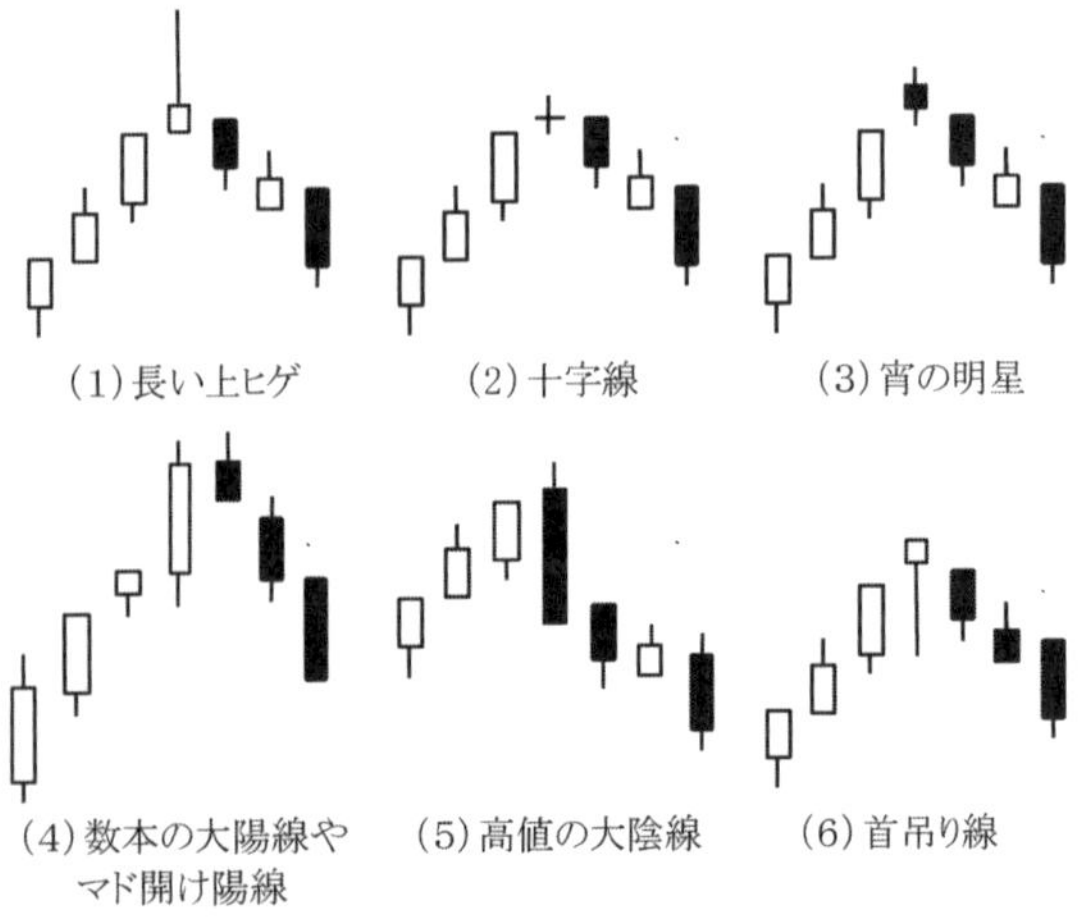

図8.2　ローソク足の天井のパターン

必要である。

（3）宵の明星

明けの明星と逆で、株価が上昇を続けた後、天井圏でマド開けの陰のコマが出現し、その後株価の下落がみられる場合は**宵の明星**と言われる。宵の明星はマド開けするほど買いが強いが、しかし買いが続かず売りに押されて陰のコマが出現したのであり、需給的には売りが強くなり天井圏なので下落するのではないかと考える人が多くなるのであろう。宵の明星はマドを開けて上昇し陰線も短いので、視覚的にはまだ上昇するのではないか考えやすいので、注意する必要がある。マド開けの陰のコマが出現した場合は株価の下落を予感させるものであり、株式の売却を検討している場合は特に注意が必要である。

（4）数本の大陽線（マド開け陽線）

株価が上昇を続け、高値で数本の大陽線やマド開け陽線が出現して急騰した場合は、天井に近いのではないかと考える必要があり、その後ローソク足の動きを注意深く観察する。大陽線やマド開け陽線が続くと、視覚的にはまだまだ上昇が続くのではないかと考えやすいが、買いが買いを呼び、一気に大きく上昇をした結果、買われ過ぎでそろそろ天井ではないかと考える人が増加し、下げに転じる場合が多いので注意する。このローソク足のパターンでは、株価が見た目と逆の方向に動く可能性が高いのでよく覚えておく。

（5）高値の大陰線

天井圏の大陰線は急激な売りの増加による結果であり、視覚的にも誰もが下落すると考えるであろう。一時的な下落の場合もあるが、基本的には下落を続けると考えて対応した方が良いであろう。

（6）首吊り線

少し物騒な名前であるので覚えやすいであろう。天井圏でマドを開けた陽（陰）の**カラカサ**（実体が短く、長い下ヒゲがある）が出現した場合は株価が下落する可能性が高いので特に注意する。視覚的には株価はまだ上昇するのではないかと考えやすいので、このパターンもよく覚えておく必要がある。マド開けするほど買いが強かったが、それ以上に売りが多くなり株価は一時的に大きく下がるが、だんだん押し目買いが強くなり、下ヒゲが長くなって終了する。単純に考えると高値引けとなったのでまだ上昇すると考えやすいが、マド開けの買いスタートの時と比べると、売りが非常に多くなってきたことから始値からあまり上昇せずに終わっている。このことから売りの強さを意識する人が増えるので買いが減少することや、このパターンをよく知っている人が多いことなどから株価の下落へとつながっていくのであろう。

第9章

テクニカル分析はどのように活用するのであろうか

テクニカル分析は株価データを分析し、株価の動向、買われ過ぎ、売られ過ぎなどを教えてくれ便利なものである。テクニカル分析はいろいろな手法が考案されているが、本書では必要最小限のものについて解説する。

9.1 出来高と株価はどのような関係があるのであろうか

出来高は株式の売買が成立した株数のことであり、出来高の多寡はその銘柄の人気度を表しているとも言える。したがって、株価が上昇する過程では買いが増えることによって、出来高は増加する。逆に、株価が下降する過程では買いが減少するので、出来高は少なくなる傾向がある。株価が底を打って、そろそろ上昇するのではないかと考える投資家が増えると、買いが増加し、その結果出来高も増え、株価が上昇に転じることになる。このように投資家の行動が出来高に表れていることになる。それでは株価と出来高はどのような関係があるのだろうか。

次のようなことがよく知られている。

(1) 出来高のピークと株価の天井(底)がほぼ一致する。

(2) 出来高のピークを迎えてから1週間前後で株価が天井(底)をつける。

(3) 出来高のピークを迎えてからも株価は更に上昇(下降)する。

出来高が急増しピークを迎えると、前述の(1)と(2)は株価が下落(上昇)すると言い、(3)は株価が上昇(下落)すると言っているので、何も判断できないではないかと思われるかも知れない。そこで、少し解説をしておこう。

株価チャートから判断した現在の株価が非常に高い位置にあるときは、出来高のピークを迎えると天井を形成するか、1週間程度の間をおいて天井になる場合があることを示している。出来高がピークになっても上昇するのは、株価がまだそれほど高い位置にないからである。株式を売却したいと考えるような相当な高値圏での出来高の急増とそのピークは天井を付ける可能性が非常に高いと考えるべきである。出来高の急増は株価の急騰につながり、8.2節の数本の大陽線(マド開け陽線)に該当する場合が多いので、天井を形成しやすいことになる。

現在の株価が底値圏の場合は前述と反対のことになるので、説明は省略する。株価が投資をしようと思っているベストボトムに近づいてきて、出来高が急増しそのピークになると株価は大き目の下げになる(7.2節の数本の大陰線(マド開け陰線))ので、株価が底を形成する可能性が大であり、株価の動向を注意深く観察する必要がある。

7.2節で取り上げたセリング・クライマックスはまさに前述の(1)や(2)になっている。参考までに付言しておく。

本節では株価チャートの例を示していないので、読者自身で出来高の急増やそのピークと株価の関係を実際の株価チャートで確認してもらいたい。

9.2 騰落レシオはどのようなものであろうか

騰落レシオは個別株に関することではなく、市場全体の動静を表す指標である。具体的な計算式は次のとおりである。

騰落レシオ＝値上がり銘柄の合計÷値下がり銘柄の合計×100 （%）

騰落レシオが１００%は値上がり銘柄数と値下がり銘柄数が同じであることを示している。１００%を超えると値上がり銘柄数が多くなるので、市場としては活況を呈している。一方、１００%未満になると値下がり銘柄数が多くなるので、市場としては低調な状態となる。

前述の式の銘柄の合計は1日分ではなく、短期的には5日分、中期的には25日分で計算するのが普通であり、よく使用されるのが25日分で計算した騰落レシオである。騰落レシオでよく知られていることは次のようなことである。

（1）騰落レシオが１２０%以上の場合、株式相場は過熱感があり高値圏で買われ過ぎている。
（2）騰落レシオが70%以下の場合、株式相場は低調であり安値圏で売られ過ぎている。

市場が活況を呈し過熱感が出てくると、騰落レシオは１２０％以上で何日も続くこともある。騰落レシオが１２０％以上になったからと言ってすぐ売りが増加すると言うことではないが、いつまでも続かないので高値波乱に注意する必要がある。騰落レシオは個別銘柄の指標ではないが、市場の強弱感は個別銘柄に影響を及ぼすので、個別銘柄を今回の天井圏で売却を考えている場合は注目する。

騰落レシオが70％以下の状態が続いている場合は、底値圏にある銘柄が底値を付ける可能性があるので、投資を考えている場合は注目する必要がある。

9.3 株価の支持線と抵抗線はどのようなものであろうか

4.5節の**図4.3**の③の線は３つの底値を結んだもので、これを**支持線（サポート・ライン）**と呼んでいる。支持線は水平線だけでなく株価が上昇トレンドや下降トレンドのときにも現れる（4.10節の**図4.8**参照）。株価が下落し支持線に近づくと、反転するのではないかと考える人が多くなり、買いが増加して支持線で下げ止まる可能性が高くなる。したがって、支持線を形成する安値が多ければ、支持線としての信頼性が高いと考えられる。

第４章でベストボトムの見通しで、過去の安値を参考にしているのはまさに支持線を探していることになる。複数の安値が支持線を形成していると、ベストボトムが支持線の株価になるのではないかと自信が深まるであろう。

株価が支持線を突き抜けて下がり始めると、株価の下落が続く可能性が高く、次の支持線に向かって続落する可能性がある。株価が支持線を突き抜けて少し下がったけれども、急に支持線以上に株価が戻る場合があり、これはだましと呼ばれ、支持線は機能していることになる。

支持線に対して高値の株価を結んだ線を**抵抗線**（**レジスタンス・ライン**）と呼ぶ。抵抗線も支持線と同じように水平線だけでなく株価が上昇トレンドや下降トレンドのときにも現れる（4.10節の**図4.8**参照）。株価が上昇し抵抗線に近づくと、反転するのではないかと考える人が多くなり、売りが増加して抵抗線で上昇が止まる可能性が高くなる。支持線と同様に抵抗線を形成する高値が多ければ抵抗線の信頼性が高まることになる。

株価が抵抗線を突き抜けていくと、上昇が続く可能性が高くなり、次の抵抗線が目標と考えられる。株価が抵抗線を突き抜けても支持線と同じようにだましの場合があるので、注意する必要がある。株価が抵抗線を勢いよく突き抜けると上昇が継続する可能性があるので、買いを勧めている本もある。

既に述べたように株価が支持線に近づいてくると底値であると考える人が多くなり、買いが多くなる。しかし、残念ながら支持線を突き抜けて下落を続けると、買いを入れた人は「やられた！」と言うことになる。その後、株価が下落から上昇に転じて先の支持線辺りまで戻してくると、支持線辺りで買いを入れた人が「やれやれ」と売りを入れることが多くなり、支持線近辺の株価で上昇が抑えられやすくなる。このようなことから以前は支持線であったが、逆に抵抗線に転化したと考えられる場合が発生する。抵抗線についても支持線に転化したと考えられる場合が発生するが、説明は省略する。具体的な事例が4.10節の**図4.9**で見られるので、参照してもらいたい。

9.4 株価の移動平均はどのようなものであろうか

例えば5日間の株価の**移動平均**とは過去5日間の株価の合計を5で割ったものであり、これを毎日計算し連続的に表示してグラフ化したものが5日間の**移動平均線**である。株価は毎日上下に変動しているので、この日々の変動をできるだけ取り除き、株価を平滑化して株価の動向を見てみようと言う手法である。株価が上昇トレンドや下降トレンドを形成している場合は、日々の変動が除かれているので株価の動向は非常に分かりやすいものとなる。

移動平均の日数を5日から10日に変更するとどうなるであろうか。株価の変動がより遅れて現れることになる。この性質を利用して株価を分析することができる。日足の株価チャートを使用する場合は、5日間の**短期移動平均線**と25日間の**中期移動平均線**の2本を使用するのが普通である。**図9.1**はO社の株価チャート（日足）である。株価チャートには5日間と25日間の移動平均線が書き込まれているので、参考にしてもらいたい。また、週足の株価チャートを使用する場合は、5週間の短期移動平均線と13週間の中期移動平均線を用いるのが一般的である。短期と中期の移動平均線の活用としては、**ゴールデンクロス**と**デッドクロス**がよく知られているので、解説しておこう。

（1）ゴールデンクロス

短期移動平均線が中期移動平均線を下から上に突き抜けると**ゴ**

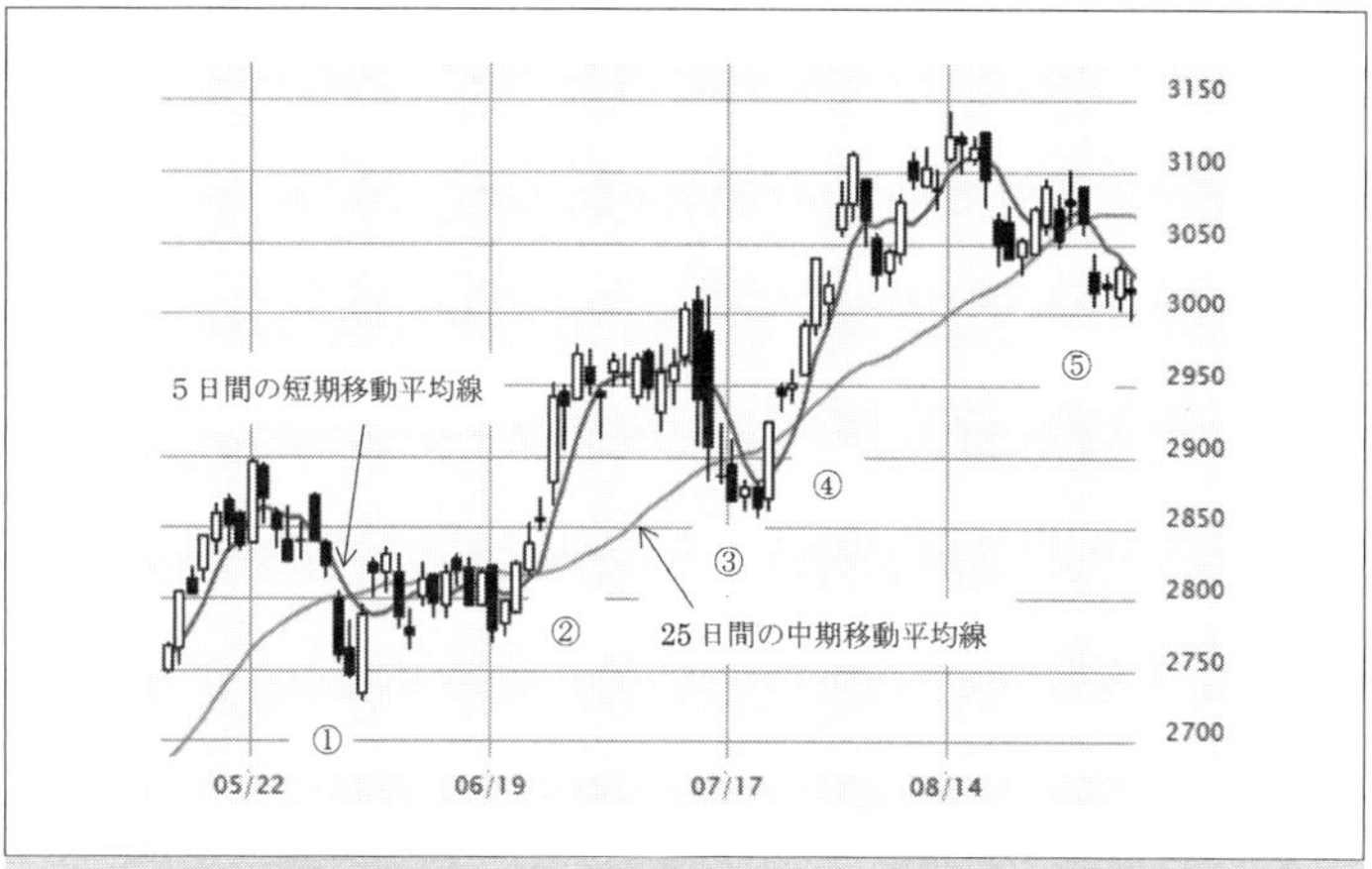

図9.1　O社の株価チャート（日足）

ールデンクロスと呼ばれている。ゴールデンクロスは株価が少し上昇を始めているときに出現するので、買いのサインである言われている。**図9.1**では②と④の所でゴールデンクロスが現れており、その後株価は上昇しているので、利幅は大きくないが②や④の近辺での投資は成功したことになる。ゴールデンクロスが現れたときには株価は少し上昇を始めているが、更に株価が上昇を続けるかどうかは保証の限りではないので、ゴールデンクロスは買いのサインであるとは言い切れないことに注意する。

それではゴールデンクロスが買いのサインと考えらえる場合はどのようなケースであろうか。もしゴールデンクロスをした株価の位置が投資ゾーンで十分低ければ、株価がすぐ上昇するとは限らないが、安値圏から上昇することが期待できるであろう。この場合は、ゴールデンクロスは買いのサインになると考えられる。特に、株価がベストボトムから少し上昇を始め、その結果ゴールデンクロスが出現した場合は投資のチャンスの到来と考えられる。移動平均線がゴールデンクロスをしたときには、株価は底値から10%程度上昇している場合が多いので、買いのタイミングとしては少し遅いことに注意する。ゴールデンクロス後の株価の動きを観察しながら適切な株価で投資をするのも1つの方法である。

底値待機型株式投資の方法に従ってベストボトム近辺で投資した後、ゴールデンクロスが現れたら株価が少し上昇を始めてきたし、場合によっては買いが増加し更に上昇が期待できるかも知れないと理解すると良いであろう。株価の上昇は移動平均線を見なくても株価を見ていれば理解できることであるが、株価チャートには移動平均線が書き込まれているので、株価と移動平均線の両方で株価の動きを理解すると良いであろう。

（2）デッドクロス

短期移動平均線が中期移動平均線を上から下に突き抜けると**デッドクロス**と呼ばれ、株価は目先的には下降する可能性があるので、売りのサインであると言われている。**図9.1**の株価チャートの①、③、⑤の所でデッドクロスの例が見られ、デッドクロスが現れたときには株価は既に大き目の下げになっていることに注意する。この例では株価は上昇途中での一時的な下げでデッドクロスが出現したために、株価は大きな下げにはなっていない。しかし、株価が非常に高い天井圏を経てデッドクロスを形成すると、下落を続ける可能性は高いので株式の売却を考えている場合は注意が必要である。

デッドクロスが出現してからの売却は少し遅めのタイミングになるので、売却したいときは株価の動きを見ながらタイミングよく売却し、デッドクロスが出現すれば売りが増加し株価は更に続落する可能性があるので、適切な売却ができて良かったと思えるであろう。

株価と移動平均線の関係の分析では**グランビルの法則**がよく知られている。本書で利用する部分だけを紹介するので、興味のある読者は他書を参照されたい。

（3）グランビルの法則

株価と移動平均の関係で株価の動向を読もうとするのがグランビルの法則である。日足の株価チャートを使用するときは25日間の中期移動平均線を使用し、週足の株価チャートを使用するときは13週間の中期移動平均線を用いる。今後の説明は日足の株価チャートを前提にしている。次のようなことがよく知られている。

(a)株価が下落を続けた安値圏で中期移動平均線を下から上に突き抜けると、株価は上昇するので買いのサインである。

これは前述のゴールデンクロスの短期移動平均線を株価に置き換えたものであり、一般的にゴールデンクロスより早いタイミングで買いのサインが出ることになる。このことは**図9.1**で確認できるであろう。図の②と④の所で明確なクロスが現れており、ゴールデンクロスより若干早めになっている。

(a)項の活用としては、投資ゾーンにある底値圏で株価が中期移動平均線を下から上に抜けたとき、既に投資をしているなら株価は上昇する可能性があるので自信を深めればよく、まだ投資をしていない場合は株価の動向を見ながら適切な株価で投資をすると良いであろう。

(b)株価が上昇を続けた高値圏で中期移動平均線を上から下に突き抜けると、株価は下落するので売りのサインである。

これは前述のデッドクロスの短期移動平均線を株価に置き換えたものであり、一般的にデッドクロスより早いタイミングで売りのサインが出ることになる。**図9.1**の①と③の所で明らかなクロスが確認でき、デッドクロスより若干早めになっている。

(b)項の活用方法は次のとおりである。株価が高い天井圏で中期移動平均線を上から下に抜けたときは、株価は天井からかなり下落をしており、株価は続落しそうだと感じるであろう。今回の天井圏で売却を考えている場合は既に売却しているはずで、この売りのサインより早く売却できたと喜べば良いであろう。

次に、個別銘柄だけでなく、市場全体の動きを示す株価指数にも適応できる移動平均の活用方法を説明する。

(4) 移動平均乖離率

移動平均乖離率(乖離率)は現在の株価が移動平均の値からどの程度離れているかを表し、数式で表現すると次のとおりである。

移動平均乖離率＝(現在の株価―移動平均の値)÷移動平均の値×100 (%)

移動平均乖離率の計算には普通は25日間の移動平均が使用される場合が多く、次のようなことがよく知られている。

(a) 移動平均乖離率が8%以上になると買われ過ぎと言われている。
(b) 移動平均乖離率がマイナス8%以下になると売られ過ぎと言われている。

移動平均乖離率は市場全体を表す株価指数や個別銘柄のどちらにも適応できる。例えば、日経平均株価が大きく上昇し、その移動平均乖離率が8%以上になってくると、買われ過ぎなのでその内に日経平均株価が少し調整するのではないかと考えることができる。逆に、日経平均株価が大きく下落し、その移動平均乖離率がマイナス8%以下になってくると、売られ過ぎなのでその内に日経平均株価が下げ止まりをするのではないかと考えることができる。したがって、株式の売買するときにはこれらのことにも注目すると良いであろう。

9.3節で株価の支持線と抵抗線を解説したが、これらは直線であった。移動平均線も支持線や抵抗線になる場合があるのでその解説をしておく。

（5）移動平均線による支持線と抵抗線

株式関係の記事で日経平均株価や個別銘柄の高値や安値の目処として移動平均線がよく使用されている。株価が上昇トレンド中で一時的な下げが発生したとき、過去の底値が参考にできないかと考えるだけでなく、例えば75日間の移動平均線も底値の目処にならないかと考えることも必要であり、移動平均線にも注目してもらいたい。パソコンの画面の株価チャートには移動平均線が表示されているので、支持線とか抵抗線と言う観点でも確認してもらいたい。

9.5 RSI（Relative Strength Index, 相対力指数）はどのようなものであろうか

一見難しそうな名前であるが、ＲＳＩは騰落レシオと同じように株価の買われ過ぎや売られ過ぎを判断することができる指標の１つである。計算式は次のとおりである。

RSI＝U÷(U＋D)×100　(%)

ここで、Uは14日間の日ごとの前日からの値上がり幅の合計で、Dは14日間の日ごとの前日からの値下がり幅の合計である。

計算式から分かるように、株価が14日間連続して上昇すればＲＳＩは１００％であり、逆に株価が14日間連続して下降すればＲＳＩは０％となる。一般的に、次のようなことが知られている。

（1）ＲＳＩが70％以上のときは、株価は買われ過ぎている。
（2）ＲＳＩが30％以下のときは、株価は売られ過ぎている。

ＲＳＩの計算式から理解できるように、ＲＳＩが大きな数字のときは株価が上昇していることを示すが、毎日の上昇幅が小さいと株価はそんなに高くないことになる。一方、毎日の上昇幅が非常に大きいと株価は相当高くなっていることになる。このようにＲＳＩの数値だけでは株価がどの程度高くなっているかは分からないことに注意する。したがって、指標ＲＳＩの使い方としては、株価が高値圏や安値圏でのＲＳＩの値からもう買われ過ぎになっているとか、もう売られ過ぎになっているとかを確認すると、天井圏や底値圏の可能性があることに注意することである。

本書ではＲＳＩのグラフを掲載していないので、パソコンの画面でいろいろな企業の株価チャートとＲＳＩを表示して、前述の解説を確認してもらいたい。

9.6 ストキャスティクス（Stochastics）はどのようなものであろうか

ストキャスティクスも買われ過ぎ、売られ過ぎを判断できる指標で、よく利用されている。具体的な計算式は次のとおりである。

%K＝（当日の終値－過去9日間の最安値）
÷（過去9日間の最高値－過去9日間の最安値）×100　（%）

%D＝%Kの3日間の移動平均

S%D＝%Dの3日間の移動平均

ストキャスティクス%Kは過去9日間の最高値と最安値の幅に対して現在の株価がどの位置になるかを示すので、株価の大きな上昇や下降に対しては敏感に反応することになる。ストキャスティクス%DとS%Dは移動平均なので、ストキャスティクス%Kより平滑化された曲線になる。

ストキャスティクスには3本の曲線があるが、一般に%K曲線と%D曲線を組み合わせて表示し、**ファースト・ストキャスティクス**と呼ばれている。また、%D曲線とS%D曲線を組み合わせて表示し、**スロー・ストキャスティクス**と呼ばれている。ストキャスティクスに関しては一般的に次のようなことがよく知られている。

（1）ストキャスティクスが70%以上のときは、株価は買われ過ぎている。

（2）ストキャスティクスが30%以下のときは、株価は売られ過ぎている。

ストキャスティクスの利用としては、RSIと同じように株価が高値圏や安値圏になったときに、ストキャスティクスが買われ過ぎや売れ過ぎになっている場合は天井や底の可能性があるので注意することである。

ストキャスティクスには2本の曲線が表示されているので、ゴールデンクロスとデッドクロスが考えられ、次のようなことがよく知られている。

(3)ストキャスティクスが30%以下で、%K曲線と%D曲線のゴールデンクロス、また%D曲線とS%D曲線のゴールデンクロスは買いのサインである。

(4)ストキャスティクスが70%以上で、%K曲線と%D曲線のデッドクロス、また%D曲線とS%D曲線のデッドクロスは売りのサインである。

ストキャスティクスのゴールデンクロスやデッドクロスは、株価が天井圏や底値圏で現れたら売りや買いの参考にすれば良いであろう。

本書ではストキャスティクスのグラフを掲載していないので、パソコンの画面でいろいろな企業の株価チャートとファースト・ストキャスティクスやスロー・ストキャスティクスを表示して、前述の解説を確認してもらいたい。

第10章 投資を巧く行うにはどのようなことに注意すべきであろうか

金融資産形成のための安全確実で効果的な投資の方法やそのために必要なことについて詳しく解説してきたので、安心して投資が始められるであろう。最後に、株式投資を中心に投資をできるだけ上手に行うために必要なことについて説明をする。読者の皆さんが特に関心を持っていると思われる株式投資や定額積立投資のリスクやその対応について詳しく解説しているので、投資のリスクについての理解が深まり、投資に踏み出すことの後押しになるであろうと期待している。

10.1 株式投資の資金とその利益目標について考えてみよう

投資の資金については余裕資金であることが絶対条件である。３年後には使用予定があるが、それまでの３年間で儲けておこうなどと投資をすることは絶対にしてはならない。底値待機型株式投資でも３年後に利益が出ていると言う保証はない。余裕資金での投資であれば、例え利益が出ていなくても配当をもらいながら株価の上昇を待てば良いだけである。しかし、3年後必要な資金ならば株式を売却しなければならないことになり、損を確定することになりかねない。また資金を借り入れて投資をすることも絶対にしてはならない。したがって、株式の信用取引もしてはならないことになる。信用取引は投資のプロに任せておけば良い。

株式投資を始めから期間が経過し複数の銘柄を保有するようになると、株式投資で年間いくらかの利益を上げようと目標を設定する方がいるかも知れない。目標を設定することは一見良さそうに見えるかも知れないが、目標で投資行動を縛ると目標の利益を確保するためについ早めに売却したり、焦った投資になったりして失敗もしやすくなる。プロの投資家なら目標利益を達成しなければならないが、「素人の投資家は定期的に利益を出さなくて良いのが最大の武器である」ことを再認識すべきである。株は適切な投資タイミングで購入し、株価が十分高くなり、そろそろ売却をした方が良いとなったときが売り時である。利益目標を達成するために売却するのではない。

10.2 株式投資の候補銘柄の探索についてもう一度考えてみよう

投資の候補をどのように見つけるかを再度考えてみよう。4.13節では年初来安値になった銘柄を調査し、投資候補になるかを判断することで投資候補を見つける方法を紹介している。毎日年初来安値になる銘柄は少なくないので、少し手間がかかることになる。もちろん、毎日チェックする必要はなく、時間があるときにやれば良い。投資の候補銘柄が増えてくれば銘柄を厳選し、必要なら候補銘柄の入れ替えを行って候補銘柄数を適度な数にしておく。

証券会社のホームページには銘柄の**スクリーニング**と言う機能がある。いくつかの条件を指定して、条件に該当する銘柄を選別してくれる機能である。株価が投資ゾーンにあり、ベストボトム近辺にあるような銘柄を探索してくれれば簡単に投資候補の銘柄が入手できることになる。しかし、残念ながらこのような条件を設定できる機能はないので、著者としてはこのような条件を設定できるソフトを開発することが課題であると考えている。どこかの会社と共同開発をする必要がある。

スクリーニングで使用できる条件としてはゴールデンクロスがある。株価が安値圏であると言う条件が付加できれば更に良いが、普通はこの機能はない。そこで、株価が３０００円以下とかその他の条件を付けて出力される銘柄を絞り、出力された銘柄を１つ１つチェックし投資候補になるかを判断する。ゴールデンクロスの少し前の安値がベストボトムであれば、現在の株価がベストボトムの株価よりどの程度上昇しているかをチェックし、もしその上昇率が10％程度以下であれば投資の候補と考えられるであろう。その後の株価の動きや日経平均株価の動向にも注意しながら投資のタイミングを窺うことになる。株価の上昇率が10％を超えていたとしても、再度ベストボトムに近づくこともあるので、投資の候補として株価の観察を続けると良いであろう。

底値待機型株式投資で比較的活用しやすいソフトがあることを最近発見した。トライベッカ（株）が開発した「チャートフォリオ」と言うソフトである。条件に該当した銘柄を株価チャートの形によって層別してくれる。株価チャートの形を30のパターンに分類しており、必要と思われるパターンはすべて含んでいるようである。底値待機型株式投資で活用できるパターンとしては、①下げ渋る、②下げとまった、③下値で横ばい、④まだ下落などがある。指定できる条件は、株価チャートの期間、市場、投資金額、業種などがある。条件を指定して検索すると、条件に該当した銘柄が30個の株価チャートのパターンに分類される。そこで、株価チャート（週足）を1年としその他の条件も入力し検索すると、前述の4つのパターンなどに分類された銘柄の中には株価の下落期間が十分なものもあり、投資候補がかなり絞られることになる。しかし、現在の株価が投資ゾーンにあるか否かの判断は人がしなければならない。このような条件が設定できるようになるとますます利用しやすくなる。期待したいものである。

チャートフォリオは松井証券（株）のホームページでは無料で利用できる。他の証券会社でも利用できる所があるかも知れない。

10.3 株式投資のリスクについて考えてみよう

株式投資のリスクと言うと、普通は株価が購入株価より下がることを意味するであろう。しかし、よく考えると、株式を売却したいときに株価が下っていることがリスクであると考えた方がより精確であろう。短期の株式投資では株価が下ると売却のタイミングの制限を受けるので、株価が購入株価より下がることはリスクである。一方、底値待機型株式投資のような中長期投資では一時的な株価の下落などリスクと考える必要はない。もう少し詳しく解説をしておこう。

底値待機型株式投資では株価が大底のベストボトムで投資をするので、時間が経過すると必ず株価が上昇する。このことから中長期的なスパンで考えるとリスクはないと見做すことができる。例えベストボトムを見誤って株価が下落したり、投資後悪材料で株価が下ったりしてもそう大きくはなく、基本的には株価が非常に安いときに投資をしているので、含み益が出るまでの時間が少し長くなるだけである。もともと中長期の投資を前提にしているので、含み益が出るまでの時間が少し長くなることなど何も問題ではない。したがって、通常の株価変動などはリスクと考える必要はないが、本節では世間一般に言う購入株価より株価が下ることをリスクとして考え、日常的な「株式投資のリスク」から20年に一度あるかないかの「日経平均株価の暴落リスク」について考えてみよう。

(1) 株式投資のリスク

底値待機型株式投資のベストボトムでの投資はまさにリスクを最小にする方法である。その他の工夫としてはリスクを分散させることも大切である。例えば、ある銘柄に集中投資をしないことである。説明するまでもないであろう。複数の銘柄に、かつ各銘柄への投資資金も偏らないように投資をした方が安全である。これと同じように投資をする銘柄が属する業種についてもあまり偏らないようにすることも大切である。投資のタイミングもある時期に集中して投資をすることは避けた方が良い。要するに、投資銘柄、投資銘柄が属する業種、投資時期、投資金額などに関して集中して投資をすることは避け、できるだけ分散して投資をすることが肝心である。これは投資の仕方でリスクを低減できる方法である。

以上の考え方は個別銘柄のリスクやリターンが同じ程度であると言う前提の議論である。底値待機型株式投資ではベストボトムで投資をするので、各銘柄のリスクは同じ程度と考えておこう。しかし、リターンは銘柄により変わると考えた方が自然であろう。個別銘柄の株価の上昇力などは評価が難しいが、ベストボトムの株価が歴史的な底値であるとか、高値からの下落率が極端に大きいとかなど特別に評価できる値であると、他の銘柄に比べるとリターンは大きくなる可能性が大である。このような銘柄には投資額を多くすることが大切である。また、企業の将来性に特に大きな期待が持てる場合にも投資額を増やす理由になるであろう。「投資のリスクとリターンを考えて投資額を決定するのは投資の基本原則である。」

（２）個別銘柄の投資リスク

十分な期間を経て十分下げ、下がりきったと思われるベストボトムで投資をすることはリスクをできるだけ小さくする方法である。また、投資をするときは日経平均株価が大き目の下落時に行うので、リスクはかなり避けられるであろう。予想のベストボトムが間違っていたとしても、株価が十分下げているので、更に大きく下げることはないであろう。ベストボトムの少々の間違いなど気にする必要はない。

ベストボトムでの投資をした後も株価が一進一退を続ける場合も多い。このようなときに日経平均株価が大き目の下げになると株価がベストボトムより下げるかも知れないが、大きな下落ではないと考えられる。

ベストボトムでの投資をした後、投資企業に関する悪材料が発表されたり、四半期の決算発表で業績の下方修正が行われたりすると、株価が購入平均株価より大きく下がることがある。特に、ベストボトムで投資をしたときの株価収益率（ＰＥＲ）や株価純資産倍率（ＰＢＲ）などの値が大きい場合は、ベストボトムの株価は十分下げているが、業績に対して買われ過ぎているので、業績の下方修正の発表などで大きく下落する可能性がある。また、業績の下方修正が続くと更に大きく下落するであろう。したがって、株式投資の初心者はベストボトムの株価に対するＰＥＲやＰＢＲなどの値が小さい銘柄に絞ることが重要である。ぜひ投資をしたいと考える銘柄の場合でもＰＥＲやＰＢＲの値が小さくなるまで待つことである。もちろん、株価が下がらない場合もあるかも知れないが、「投資は適切な投資タイミングになっている銘柄に投資をすると言う原理原則を守る」ことがリスクを回避する方法である。株価が下るのを待てずどうしても早く投資をしたい場合は、以上のようなリスクがあることを承知の上で投資をすることである。

底値待機型株式投資では中長期に株式を保有することが前提なので、例え購入平均株価より株価が大き目に下がったとしても、基本的には特別な対応をしなくても良い。含み益が出るまでの期間が少し長くなるだけである。短期の株式投資では短期で資金を回転させる必要があり、「塩漬け」は絶対に避けたいので、「損切り」が必要になる。底値待機型株式投資では購入した銘柄を「良い意味での塩漬け」にして高値になるのを待つようなものである。したがって、「本当の塩漬け」の期間が少々あっても気にすることはない。もちろん、資金的に余裕があり、将来性が高い銘柄なら追加投資をするのは効果的であろう。

第4章で紹介している個別銘柄への第2回目や第3回目の追加投資を行うのは、購入平均株価を下げ、株数を増やしてリターンを大きくするので非常に効果的である。この方法は投資時期の分散化によるリスクの低減の方法である。

（3）日経平均株価の暴落リスク

日本だけでなく世界全体で株式市場が不調になり、各国の株価指数が大きく下落する場合がある。株価指数が10％程度の下げはよくあるが、２００７年のリーマン・ショックのときのように株価指数が大暴落するケースも20年に一度程度は可能性がある。底値待機型株式投資では株価指数の大きい下落は投資の大きなチャンスの到来なので歓迎すべきであるが、保有している株式にはピンチの銘柄もあるかも知れない。このようなケースに遭遇したときにどのように対応すべきであろうか。

２０２０年の新型コロナ・ショックでは日経平均株価は32％の下落で割と大きかったが、回復は早く2カ月で71％回復し、5カ月目で元の株価まで戻している。このような場合は特別な対応をしなくても問題はなかったと言う結論になるが、株価が大きく下がったときには不快な気分になるであろう。日経平均株価が大きく下がったので、新しい銘柄への投資（**新規投資**）や株価が購入平均株価より大きく下がった銘柄への投資（**追加投資**）をすれば非常に大きな成果が得られたであろう。

リーマン・ショックの大暴落では日経平均株価の下落率は62％で、株価の回復までに6年余りかかっている。このような場合は特別な対応が必要である。株価が大きく下がるので、適切なタイミングで「損切り」をすべきであると言うのが大方の意見であろう。しかし、損を確定する損切りは株式投資の初心者には難しい上に、日経平均株価がどれだけ下がるかを予想できないので、損切りをするのは非常に困難であることも事実である。底値待機型株式投資では暴落前は含み益が大きく出ている銘柄も多いので、損切りと言うより早めの「利益確定売り」をすることが正解と言うことになるが、普通にはこれは実行不可能であろう。そこで、以下の議論は利益確定売りや損切りができないとしての対応を考える。

日経平均株価の暴落に遭遇すると、含み益がなくなり、含み損を抱えることになるであろう。日経平均株価が60％下落し、投資銘柄も同じく60％下落すると仮定する。暴落前の株価が買値の倍まで上昇していると、日経平均株価が60％下落しても買値から20％下落するだけである。同じように買値の50％まで上昇していると、買値から40％下落することになる。それでは買値からいくら上昇していると60％の下落で丁度買値になるか、参考までに試算してみてはどうであろうか。

底値待機型株式投資を長く続け、投資銘柄が買値から大きく上昇していると、日経平均株価の下落率から予想されるほど含み損は大きくなっていないであろう。暴落した日経平均株価は元の株価に必ず回復する。回復期間は少し長くなるかも知れないが、投資銘柄の含み益が出るまでの期間は日経平均株価の回復期間より相当短くなるであろう。別の見方をすると、投資銘柄の株価の回復期間だけ株式の保有期間が長くなるだけであると考えれば良いので、含み損が発生したとしてもそう落胆する必要はなく、暴落と言う災難に会ったと思えば良い。

参考のために下落期間を見ておこう。日経平均株価の下落率が32％の新型コロナ・ショックでは下落期間は1カ月程度で一気に下げている。下落率が62％のリーマン・ショックでは14カ月程度であり、一気に底へ下落していないので、底の見極めが難しそうだと想像できるであろう。このケースでは下落の発端になったサブプライムローンの問題が経済的にどこまで影響を及ぼすかの見極めがなかなかできなかったので、日経平均株価の下落期間の長期化につながっている。逆に言うと、日経平均株価の下落原因が単純な場合は経済に影響を及ぼす範囲が早めに予想できるので、株価の下落期間は比較的短くなるであろう。

日経平均株価の暴落への対応

日経平均株価は暴落してもいつかは元の株価に回復するし、暴落前の含み益が大きいほど買値からの下落率が少ないので、含み損が解消するまでの期間は短くなる。以上のような理解をしたうえで投資銘柄の株価の心配より、投資のチャンス到来に注目して対応することが重要である。

今回の暴落の原因、その影響範囲、不況になるのでその景気対策などの政策を見極めながら下落率や下落期間から大底（ベストボトム）を予想することになるが、世界や日本で今後の経済に悪影響を及ぼす出来事のニュースが出てくる間は、日経平均株価が大底に到達することはなく、まだ下落を続けると考えられるので注意深く株価の動向を観察する。

日経平均株価がベストボトムに近づいていると判断できれば、新規投資や追加投資を考える。新規投資と追加投資はどのように考えると良いのであろうか。日経平均株価が暴落したときは、普段投資対象と考えられないような優良銘柄が投資候補なるであろう。既に投資している銘柄より優良銘柄の方が株価の回復力は大きいので、一般的には追加投資より新規銘柄に注目した方が効果的である。正確に言うと、現在の株価から暴落前の株価への回復力が大きく、かつより高くなる銘柄から順番に投資をすれば良いと言うことである。すなわち、今まで投資しているものは、いわゆる**埋没コスト**であると考えればよく、既に投資したものを特別に考慮する必要はない。今後投資をする銘柄は最も効果的なものから投資をすることが肝心である。もちろん、投資ゾーンにあるか否かなどを考える必要はなく、また日経平均株価の下落率より下落率ができるだけ小さい銘柄が望ましいので、銘柄選択の参考にしてもらいたい。以上の考え方は「**投資効率**が良い銘柄から順番に投資をする」と言うことである。このような考え方で「良い銘柄」に投資をすれば、含み損のかなりの部分を早めにカバーしてくれることになるであろうし、時間が経てば大きな成果をもたらしてくれることになるであろう。もちろん、一部の銘柄に集中投資をすることは避け、適度に銘柄を分散させることも重要である。

前述の考え方で投資銘柄を決めると、保有銘柄への追加投資の優先順位は低くなるであろう。資金的に余裕があるので、追加投資も行いたい場合はどのように考えると良いのであろうか。追加投資も新規投資と同じように投資効率の良い銘柄から順番に投資をすれば良い。しかし、その順番はそう簡単ではないであろう。一般的には銘柄の含み損の大きさから判断しやすいが、

(a)購入平均株価からの下落率の大きさ
(b)含み損の大きさ
(c)株価の回復力の大きさ

等を基本的に考え、投資額や銘柄の成長性なども考慮して追加投資の順番を決めれば良い。

新規投資や追加投資をすると言ってもベストボトムの見極めが非常に難しいので、普段より多めの分散投資をすることが肝心である。ベストボトムだと思っても多額の金額で一気に投資はしない。投資の経験が豊富な方にも注意しておきたい。暴落しているので、そう慌てる必要はない。

前述のような対策をするとしても余裕資金が必要である。株式投資では現在の投資金額の3～5割程度の余裕資金を常に確保していることが望ましく、リスク回避の方法でもある。日経平均株価が暴落したときは株式投資の大チャンスなので、株式投資に振り向ける資金の割合を一時的に多くすることも考えると良いであろう。そして恐れることなく、細心の注意を払いながら十分な期間を取った分散投資をし、「将来の大きな成果」の種を蒔いておこう。

10.4 定額積立投資のリスクについて考えてみよう

積立投資は価格が長期的には右肩上がりであることを前提に、20年や30年の長期投資をすることを基本にしているので、積立投資の経過中の価格の上下への変動は特にリスクではない。既に説明したように価格変動が大きい方が安く購入でき、購入できる口数が増える分望ましいことになる。したがって、積立投資のリスクとは長期間積立をした後換金をするタイミングなってから価格が大きく下落することであり、このようなケースに遭遇することを一番避けたいことであろう。以下の議論では日経平均株価に連動したインデックス型投資信託を定額積立していると仮定する。

前節で述べたように新型コロナ・ショックでは投資している投資信託の基準価格は32％下落したが、5カ月で元の基準価格に回復しているので、リスクと言うほどのものではない。要するに、基準価格の下落率が大きくてもその回復が早いものは、積立投資の経過中の基準価格の上下の変動と同じと考えられるので、リスクと言えるほどものではない。一方、リーマン・ショックでは元の基準価格に戻るのに6年余りかかっているので、これは大きなリスクになる可能性がある。もちろん、換金の必要がない積立期間中なら将来の成果を特に大きくすることになるので、嬉しい限りである。

今後の議論は30年間定額積立をした後、必要に応じて一部換金をすると仮定する。リーマン・ショックと同じような暴落にどのように対応すべきであろうか。

最初に定額積立投資の30年間の成果が基準価格の暴落によってどのようになるかを見てみよう。定額積立投資の30年間の標準的な成果は積立額の3・44倍なので、基準価格が62％下落すると定額積立投資の成果は積立額の1・31倍に減少する。換金を考えていた方はかなり落胆をすることになるであろう。リーマン・ショックでは底値から5割高になるまでの期間は10カ月余り、底値の2倍になるまでの期間は4年半余りである。したがって、暴落の底値から10カ月ほど経過すると、評価額は積立額の1・97倍まで回復しているので、少し安心できるであろう。評価額がここまで回復すると、少しの換金なら止むを得ないと判断できるであろう。評価額が積立額の1・97倍以下の期間は価格の下落途中も含めると11カ月になる。この程度期間なら換金を延期できると思われる方も多いであろう。しかし、一部換金をしたいと言うことであれば、この基準価格が大幅に下がっているときに換金するのは非常につまらないことである。そこで、暴落への対応として前以て少し換金をしておくのが良いであろう。基準価格が換金を避けたい価格まで暴落する期間と換金を避けたい期間の両方とも単純に1年とすると、換金をする可能性のある年から2年程度前から暴落のリスクを考える必要がある。一般に、基準価格が暴落するときは、基準価格は相当高くなっているはずである。株式市場では空前の高値に湧いている。したがって、暴落リスクへの対応を意識し始めてから基準価格が大幅に上昇し、歴史的な高値になれば一部換金し、自由になるお金を増やしておく。ただし、換金を避けたい期間は長くはないので、自身の事情で判断すれば良いが、換金は少な目が良いだろう。不幸にも基準価格が暴落しても、既に換金したお金で対応し、新たに換金をしなくても基準価格の回復を待つことができることになる。もちろん、換金も1回で行うのではなく、高値と思われる所で数回に分けて実施する。幸いに基準価格の暴落がなくても、基準価格は高値の反動でかなり下落するであろう。

基準価格の暴落後の対応としては、基準価格の早い回復を期待して待つことが1つであるが、基準価格の暴落を投資のチャンスにするために積立額を増額（効率追求型積立投資）し、将来の成果をより大きくすることにも努める。暴落に備えて一部換金をする方は、投資のための余裕資金はあまりないと思われるが、投資資金に余裕がある方は暴落をもっと積極的に活かすために、アクティブ型積立投資をすることである。基準価格が歴史的な安値になっているので、投資の大きなチャンスである。基準価格の大底は見極められないので、多めの分散投資をして購入平均基準価格をできるだけ安くしておくと、基準価格の回復と共に大きな成果が得られることになり、暴落を大きな果実に変えることができる。もちろん、換金の必要がない積立期間中でも暴落に遭遇すれば、こんな投資のチャンスは二度と無いと考え、効率追求型積立投資やアクティブ型積立投資をしてもらいたいものである。

以上は30年間定額積立投資をした後に換金の必要性があるケースとして議論してきた。30年を20年とか25年に変更すると、前述の数値とはだいぶ変わってくるであろう。ぜひ読者自身で検討し、暴落のリスクについての理解を更に深めてもらいたい。

10.5 株式相場の今後の見通しについて考えておこう

株式投資をするのであれば株式相場が今後どのようになるのか、換言すると日経平均株価の動向について自分なりの考えを持つことが大事であろう。日経平均株価の動向については、半年以上先の中期の動向と目先1～2カ月先までの短期の動向について分けて考えておいた方が望ましい。例えば、「日経平均株価は中期的には上昇トレンドが続くと思われるが、目先的には原油価格の急上昇で少し波乱があるかも知れない」などと日経平均株価の先読みが考えられるようになると、株式投資をする上で非常に参考になるであろうし、また株式投資が一層面白くなることであろう。もちろん、先読みが当たるとは限らないので、間違えばその都度反省をし、今後に活かすことができれば株式投資の腕前が自然に上達していくであろう。先読みに関する情報はインターネット上に多くあるので、参考にすれば良い。

説明するまでもないが、日経平均株価は中期的に上昇傾向であるが、短期的に悪い材料で大き目の下げが発生すれば投資のチャンスと考えられる。逆に、日経平均株価は中期的に下落傾向であるが、短期的に良い材料で大き目の上昇をすれば、売りのチャンスであるかも知れないなどと考えることができる。日経平均株価の先読みを投資と関連付けて考えて洞察力を高めていきたいものである。

日経平均株価は経済の半年程度先を見て動いていると言われているので、中期的な動向を見通す上では今後の世界や日本の経済成長がどのようになるかが非常に大きな要因になる。また、企業業績の全体の動向も重要なキーになるので、新聞、雑誌、インターネットなどでの経済関係の記事に注目しておくと良いだろう。国際通貨基金（ＩＭＦ）は「世界経済見通し」を年2回発表している。世界の経済成長率の予測や今後の見通しなどが含まれているので非常に参考になる。

日経平均株価の短期的な動向に影響を与えるものはいろいろあるが、1つに外人の株式の需要の動向がある。日本の株式の需要の60％程度は外人によるものである。外人が買い越せば日経平均株価は上昇するし、売り越せば下がることになるので、外人の株式の需要の動向には注目しておく必要がある。また、日本株は海外の株式の動きにも大きく影響を受けるので、特にニューヨーク・ダウに注目する。

以上日経平均株価に影響を与える重要な事柄の一部を説明した。日経平均株価の先読みをするために、政治や経済の動きで日経平均株価に大きく影響を与える項目をリストに書き留めておくと非常に参考になる。リストにはプラスの影響を与える項目とマイナスの影響を与える項目を分けておき、随時メンテナンスしていくと良いであろう。

前述の説明のように株式投資をするには政治や経済のニュースに注目し、これらに関する知識を豊富にすることが大切になる。政治や経済の知識が豊富になることは、単に株式投資のためだけでなく、視野が広がり話題も豊富になるなど本業の仕事にも好影響を与えるであろう。株式投資を通じて日本だけでなく世界の政治、経済、社会の動きにより注目するようになってもらうと著者としては嬉しい限りである。

付　録

（1）株式の信用取引の簡単な解説

普通の株式の売買は自己資金の範囲で行っており、**現物取引**という。これに対して**信用取引**がある。一定のお金や株券を預けて（**保証金**）、これの3倍程度の金額までの取引ができる制度ある。自己資金より大きな金額の取引（**レバレッジ**）ができるという魅力がある。取引には期限が有り、普通は6カ月以内に反対の売買（**決済**）をしなければならない。また、現物取引にない費用がいろいろ発生し、現物取引よりコストが多くかかることになる。

信用取引のもう1つの魅力は、売り（**空売り**）から投資を始められることである。天井圏の株価が下落しそうだと思われるとき、株を保有していなくても売りの注文を出すことができ、株価が大きく下がったときに買い注文（決済）を出して、利益を確保することができる。信用取引では株価が上昇するときだけでなく、下落するときも利益を出すチャンスがあることが大きな魅力である。株は上昇している期間より下落している期間が長いので、投資のチャンスは多くなる。

信用取引は現物取引よりコストが多くかかり、保有期間が限定されているのが一般的で、株式の中長期保有に適していないことから本書では信用取引は禁止にしておきたい。ただ1つ利用できるのは**つなぎ売り**である。株価が天井圏から大きく下がりそうなとき、保有している株は売りたくないが、良い手はないかというときに活用できる方法がつなぎ売りである。保有している株の一部を空売りし、株価が大きく下がったときに決済すると利益を確保できる。保有している株を売らずに利益を確保することができたことになる。しかし、予想に反して株価が上昇した場合は次の２つの対応方法がある。
(a)株価がまだまだ上昇すると予想するなら早めに決済をして損を確定する。損をしたが保有している株の含み益が大きくなったので、実質上は損をしていない。
(b)損を少しでも出すのは嫌であれば、保有している株を空売り分だけ引き渡す方法（**現渡し**）がある。これは天井圏で保有株を一部売却したのと同じである。
つなぎ売りは株式投資の経験を積んでから行う方法なので、株式投資の初心者には信用取引に関しては全面禁止としておきたい。

（２）株価チャートの簡単な解説

株価の動きをグラフ化するとよく分かることになる。いろいろな株価のグラフがあるが、よく利用されているのがローソク足のグラフである。株価は１日の中でいろいろ変化するが、４本値と言われる**始値**（**寄り付き値**）、**高値**、**安値**、**終値**（**引け値**）で表す（**図１**）。高値は１日の中で最も高い株価、安値は１日の中で最も安い株価を言う。始値と終値の間を**実体**（**胴体**）と言われ、実体の上の線と下の線はそれぞれ**上ヒゲ**、**下ヒゲ**と呼ばれている。１日の株価が上昇して終わると、**図１**のように**陽線**になる。逆に、１日の株価が下落して終わると、**図１**のように**陰線**になる。

実体の部分が長い陽線（**大陽線**）はその日の買いが非常に強く、大きく上昇した

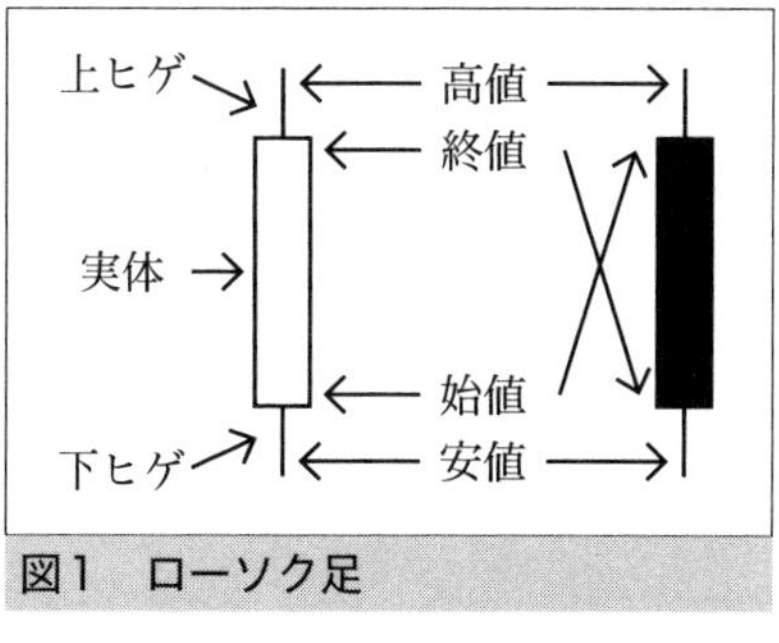

図1　ローソク足

ことを示す。逆に、実体の部分が長い陰線（**大陰線**）はその日は売りが非常に強く、大きく下落したことを示す。実体部分が短い場合は、始値と終値があまり変わらないことから株価が上にも下にも行かない気迷いの相場である。始値と終値が同じなら実体がなくなり**寄り引け同時線**と言われ、相場の転換点になりやすい。寄り引け同時線に上ヒゲと下ヒゲがつくと**十字線**と呼ばれ、これも相場の転換点になりやすい。

　ローソク足を並べると株価の動きが見えてくる。大陽線が2日続けば強い買いが続き、2日で大きく株価は上昇したことになる。大陰線が2日続けば逆のことである。**図2**の(1)のように前日の終値より本日の始値が高い場合は**マド開け**と言われる。マド開けも非常に強い買いを示している。株価が下落する場合も売りが強いと**図2**の(2)のようにマド開けをする場合がある。このように1日のローソク足を連続して表示する（**日足**の株価チャート）と、株価の動きがよく分かることになる。

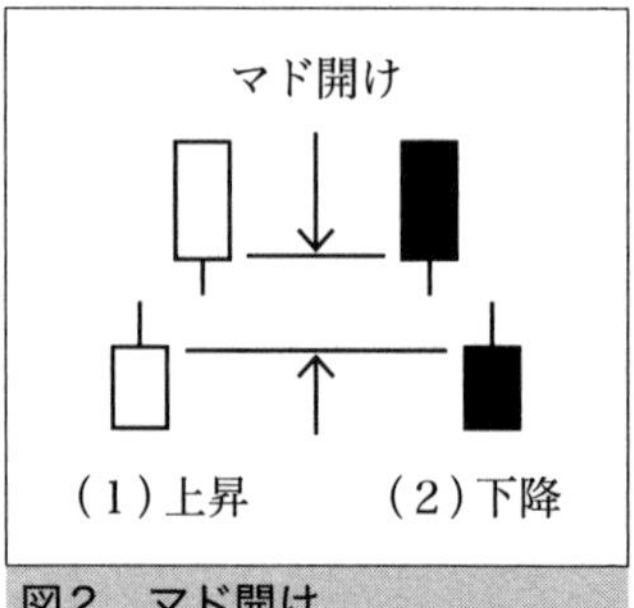

図2　マド開け

　1日のローソク足と同じように週や月の単位で株価をローソク足で表示すると、**週足**の株価チャートや**月足**の株価チャートができる。株価を分析するときは週足の株価チャートを用い、株価の直近の動きを詳しく見るときは日足の株価チャートを活用するのが一般的である。長期間の株価を見たいときは月足の株価チャートを利用する。

　株式投資をする場合は株価チャートに早く慣れることが大切である。パソコンの画面で多くの株価チャートを見てもらいたい。

著者略歴

1973年　トヨタ自動車（株）に入社。その後、各種部門を経験。
2004年　会社の転職支援制度を利用して首都大学東京（現、都立大学）の公募に応募し、採用される。
2005年　公立大学法人　首都大学東京
　　　　大学院社会科学研究科経営学専攻　教授に就任。
2014年　大学を定年退職し、現在に至る。

工学博士
日本経営工学会　名誉会員
元日本経営工学会　副会長
元日本オペレーションズ・リサーチ学会　フェロー

主な著書
（1）理論から手法まできちんとわかるトヨタ生産方式、日刊工業新聞社
（2）トヨタ生産方式で鍛える改善力、日刊工業新聞社
（3）現場発サービス業の経営革新、日科技連
学術論文多数（日本経営工学会 論文賞受賞）

元大学教授が教える　これしかない！　お金の増やし方

2024年4月19日　　第1刷発行

著　者――― 小谷重徳
発　行――― 日本橋出版
〒103-0023　東京都中央区日本橋本町 2-3-15
https://nihonbashi-pub.co.jp/
電話／03-6273-2638
発　売――― 星雲社（共同出版社・流通責任出版社）
〒112-0005　東京都文京区水道 1-3-30
電話／03-3868-3275
印　刷――― モリモト印刷

ISBN 978-4-434-33569-3